Desarrollo de aplicaciones móviles multiplataforma y PWAs con Ionic y Firebase desde cero

Eduardo Revilla Vaquero 2020

Índice de contenidos:

Introducción

Aunque este libro está destinado a aprender ionic desde cero es recomendable tener un conocimiento básico de javascript y html, por lo que si eres desarrollador web podrás reciclar tus conocimientos.

Aunque los puristas tal vez piensen que es mejor aprender una base teórica sólida antes de empezar a programar nada creo que esto puede hacer que muchos desistan por el camino. En cambio es mucho más motivador ver que nada más empezar se puede hacer cosas que funcionan aunque sean sencillas e ir sobre la marcha aprendiendo conceptos a medida que los vamos necesitando.

Es probable que se queden cosas en el tintero pero aprenderás lo suficiente para empezar a desarrollar tus propias apps y podrás investigar por tu cuenta cuando te encuentres con alguna necesidad que no esté explicada en este libro.

Iremos aprendiendo las cosas sobre la marcha según las vayamos necesitando en los ejemplos de aplicaciones que vamos a realizar.

Vamos a ver una pequeña introducción sobre qué es ionic y que nos aporta en el desarrollo de aplicaciones móviles.

¿Que es ionic?

Ionic es un framework que nos permite crear de una manera rápida y sencilla aplicaciones móviles multiplataforma (Android, IOS, Windows, PWAs...) utilizando tecnologías web (HTML, JAVASCRIPT, CSS).

Para poder utilizar elementos web en una aplicación móvil utiliza lo que se conoce como una Webview.

A este tipo de aplicaciones se las conoce como aplicaciones híbridas. El resultado final es una app "nativa" que puedes subir a las tiendas de apps.

Ionic nos ofrece un montón de componentes para crear la interfaz de usuario con estilo nativo listos para utilizar por lo que podemos crear aplicaciones con una estética profesional y con muy poco esfuerzo.

Ventajas de utilizar ionic para desarrollar apps

La principal ventaja de utilizar Ionic es que es multiplataforma, es decir que con un mismo código podemos generar apps para Android, IOS y Web e incluso aplicaciones de escritorio utilizando Electron, por lo que el tiempo y coste de desarrollo y mantenimiento de una app se reduce sensiblemente.

Otra ventaja es que si dispones de conocimientos previos en desarrollo web frontend ya tienes medio camino andado ya que la curva de aprendizaje será mucho menor.

Además Ionic dispone de muchos componentes ya creados para que sin apenas esfuerzos puedas desarrollar una app de apariencia profesional sin necesidad de ser un gran diseñador.

Desventajas de utilizar ionic para desarrollar apps

La principal diferencia con las apps puramente nativas es que estas utilizan los elementos de la interfaz nativa de la plataforma en lugar de correr en una webview, lo que supone una mayor fluidez en el funcionamiento de la app a la hora de cambiar de pantalla, hacer scroll, etc, sin embargo con los dispositivos cada vez más potentes que existen en el mercado y la mejora en el rendimiento de las webview que incorporan las versiones modernas de los sistemas operativos móviles esta diferencia en el rendimiento es cada vez menos notoria y en la mayoría de los casos la experiencia de usuario de una aplicación híbrida desarrollada con ionic bien diseñada será muy similar a la de una aplicación nativa.

Diferencia entre las distintas versiones de ionic (Ionic 1, ionic 2,3,4,5...)

De la versión 1 de ionic a la versión 2 hubo un salto considerable ya que se reescribió por completo adoptando Angular 2 en lugar de la versión 1 de Angularjs. Angular 2 supuso un gran salto con respecto a Angular 1 conocido como AngularJs, la gran desventaja es que Angular es incompatible con AngularJs.

En **ionic 1** la apariencia de la App era igual para cada plataforma salvo que modificases elementos en función de la plataforma, lo que hace más engorroso el desarrollo si queremos diferenciar el diseño según la plataforma.

Con **Ionic 2** sin tener que modificar nada tendremos un diseño con el estilo propio de cada plataforma (con material design en caso de Android) dando una apariencia de app nativa.

La estructura del proyecto y la organización del código está mejor estructurada y es más modular, lo que nos permite un desarrollo más organizado y fácil de mantener.

A partir de **Ionic 2** disponemos del comando *Ionic generator* que nos permite desde consola crear diferentes elementos como páginas, tabs, providers etc, ahorrandonos tiempo de desarrollo. Veremos Ionic generator más adelante.

Ionic 2 se basa en Angular por lo que incorpora las mejoras en cuanto a rendimiento que ha incorporado Angular con respecto a AngularJs.

Como ya he mencionado Angular utiliza typescript, lo que nos permite utilizar toda la potencia de la programación orientada a objetos, tipado estático, además nos permite utilizar todos los elementos de EcmaScript 6 y muchos del futuro EcmacScript 7. Veremos esto con más profundidad en próximos capítulos.

A partir de Ionic 2 adoptando el estilo de versiones de Angular se ha mantenido la compatibilidad a grandes rasgos salvo pequeños cambios entre la versión 2 y la versión 3.

Ionic 2/3 estaba basado en Apache Cordova y Angular.

Apache cordova nos permite ejecutar nuestro código escrito con tecnología web (html, css, javascript) encapsulado en una webview y hace de puente entre esta y nos permite hacer uso de las funciones nativas del móvil (cámara, gps, etc) a través de plugins.

Sin embargo a partir de la **versión 4** de Ionic se incorpora **Capacitor**.

Capacitor al igual que lo hacía apache cordova hace de puente entre nuestra aplicación web y el dispositivo nativo.

Capacitor además se integra mejor cuando ejecutamos nuestra aplicación en otros entornos que no sean dispositivos móviles como en navegadores de escritorio facilitando el desarrollo de progressive web apps (PWA).

Hasta la **versión 4** Ionic utilizaba Angular como framework de desarrollo para crear componentes web basados en angular.

A partir de **la versión 4** Ionic utiliza componentes web genéricos, para crear los Web Components, el equipo de Ionic creó una herramienta llamada **Stencil.**

Los Web components son un conjunto de web APIs que te permiten crear etiquetas HTML personalizadas que son reutilizables.

Stencil es una herramienta que crea componentes web, y el equipo Ionic ha creado un conjunto de componentes web con Stencil que forman parte de **Ionic Core**.

Ionic Core contiene el conjunto de los componentes web que componen la biblioteca de la interfaz de usuario de Ionic (listas, botones, selectores, etc.).
Nosotros no necesitamos utilizar Stencil ni entender cómo funciona para utilizar los componentes que el equipo de ionic a creado para nosotros.

Al utilizar componentes web genéricos y no componentes Angular podemos utilizar cualquier framework por lo que no es obligatorio el uso de Angular. Si te sientes más cómodo utilizando otro framework puedes hacerlo.

Sin embargo en este libro vamos a utilizar Angular para desarrollar nuestras aplicaciones ya que Angular nos proporciona muchas cosas listas para usar que nos ayudan a construir aplicaciones bien estructuradas.

Hay una biblioteca llamada **@ionic/angular** que es la biblioteca de ionic específica de Angular, es la que ya veníamos utilizando antes de la versión 4 de ionic, este paquete ofrece funcionalidades adicionales que solo se pueden utilizar con Angular, sin embargo utiliza los mismos componentes web que pueden ser utilizados con otro framework.

Angular nos permite aprovechar las ventajas de este framework, además como Angular siempre ha sido el framework por defecto de Ionic hay mucho más soporte y muchas más apps desarrolladas con ionic utilizando Angular.

Además hay muchas librerías y utilidades ya creadas en Angular para utilizar con Ionic.

Angular utiliza TypeScript como lenguaje de programación, si no dominas estas tecnologías mencionadas no te preocupes, trataré de ir explicando las cosas básicas necesarias según las vayamos necesitando en los ejemplos que realizaremos.

No profundizaré en cada tecnología, es decir no voy a hacer un tutorial completo de Angular, seguro que puedes encontrar con facilidad muchos en la web, solo aprenderemos una pequeña base que nos permita saber lo suficiente para realizar las cosas más comunes de una app, sin embargo podrás investigar por tu cuenta si en algún momento necesitas saber algo más sobre Angular.

Al terminar sabrás lo suficiente para defenderte y crear tus propias aplicaciones.

La versión 4 de Ionic también trae cambios en la navegación entre páginas utilizando ahora el **router de Angular.**

También cambian en la versión 4 los ciclos de vida de las páginas, ya no utilizamos por ejemplo ionWillLoad o **ionViewDidEnter**, en su lugar utilizaremos **ngOnInit**. Lo veremos con más detalle más adelante.

La **versión 5** de Ionic trae algunos cambios como actualizaciones de diseño para IOS como los encabezados que se colapsan , nueva API para crear animaciones, Iconos renovados, colores actualizados, nuevos diseños de starters, etc.

Afortunadamente los cambios no han sido muy disruptivos con respecto a la versión 4.

Si quieres saber con mayor profundidad los cambios que trae la nueva versión puedes verlos en este link:
https://github.com/ionic-team/ionic/blob/master/BREAKING.md

Si vienes de utilizar ionic en versiones anteriores te será útil conocer estas diferencias, si empiezas de cero no te preocupes, veremos todo lo que necesitas saber para desarrollar aplicaciones con Ionic en la versión actual.
Una vez conocidas las diferencias entre las diferentes versiones de ionic a lo largo de este tutorial nos referiremos a ionic 5 y sus versiones posteriores simplemente como Ionic.

En el momento de escribir estas líneas ionic está en la versión 5.2.4.

Cómo obtener el código de los ejemplos de este libro

Todos los ejemplos que vamos a ver en este libro se encuentran en GitHub para descargarlos libremente.

Al final de cada capítulo vendrá el enlace del repositorio donde se encuentra alojado el código del ejemplo.

Puedes descargar el código o clonarlo utilizando el comando clone de git, para ello tendrás que tener instalado Git en tu ordenador.

Por ejemplo para clonar el repositorio del primer ejemplo que es el clásico hola mundo nos situaremos en la carpeta donde queremos crear nuestro proyecto y escribiremos el siguiente comando:

```
git clone https://github.com/edurevilla/libro-ionic-holamundo
```

Este comando descarga todos los archivos que se encuentran en el repositorio.
Para hacer funcionar cada ejemplo aún tenemos que dar un paso más y es instalar todas las dependencias que tenga el proyecto que están definidas en el archivo package.json, para ello nos situaremos dentro del proyecto y utilizaremos el siguiente comando:

```
npm install
```

Instalar ionic y las herramientas necesarias para el desarrollo

Vamos a ver como instalar Ionic y todas la herramientas necesarias para empezar a desarrollar tus aplicaciones con Ionic.

Instalar Node.js

Para instalar ionic debemos instalar primero Node.js para ello descargamos el paquete con la versión LTS de http://nodejs.org/ y lo instalamos.

Si estás usando linux y quieres utilizar un gestor de paquete puedes consultar aquí los pasos a seguir para instalar Node.js usando un gestor de paquetes según la distribución que tengas instalada:

https://nodejs.org/es/download/package-manager/

Instalar ionic

Una vez instalado nodejs abrimos un terminal (consola del sistema) e instalamos ionic con el siguiente comando:

```
npm install -g @ionic/cli
```

Si lo estás ejecutando en **linux** o en **mac** debes utilizar **sudo** por delante, es decir:

```
sudo npm install -g @ionic/cli
```

Al utilizar sudo ejecutamos el comando con privilegios de administrador (root) por lo que nos pedirá la contraseña de usuario.

Una vez instalado ya podemos crear aplicaciones con ionic y ejecutarlas en el navegador, sin embargo para poder ejecutarlas en un dispositivo o emulador Android debemos instalar las herramientas de desarrollo de Android, así mismo para poder ejecutar la app para IOS necesitaremos instalar Xcode.

Cabe mencionar que aunque Android Studio lo podemos instalar en cualquier plataforma, es decir podemos desarrollar para Android desde un pc con Windows, Linux o MAC, para poder compilar las Apps para IOS necesitamos un MAC con Xcode instalado.

Para instalar Xcode en Mac solo tenemos que buscarlo en la App Store e instalarlo, es gratuito.

Existen soluciones en la nube como Phonegap Build para poder compilar una App para IOS si no disponemos de un MAC.

Ahora vamos a ver como instalar android studio en Windows y MAC:

Instalar Android studio.

Para compilar tus aplicaciones y ejecutarlas en un dispositivo android o en un emulador, o para obtener el ejecutable y subirlo a google play necesitas tener instalado Android studio.

En windows

Primero debemos instalar java SE, para ello descargamos la última versión desde aquí:http://www.oracle.com/technetwork/es/java/javase/downloads/index.html

Buscamos variables de entorno en el panel de control, le damos añadir nueva y le damos el nombre de JAVA_HOME.

Después le damos a examinar directorio y buscamos donde esta la carpeta del jdk, en mi caso en C:\Program Files\Java\jdk1.8.0_191\

Le damos a aceptar y listo.

Ahora descargamos android studio desde el siguiente enlace:

https://developer.android.com/studio/index.html

Una vez descargado ejecutamos el instalador y ya tenemos Android studio funcionando.

Instalar Android Studio en Mac

Primero debemos instalar java SE, para ello descargamos la última versión desde la siguiente url:

http://www.oracle.com/technetwork/es/java/javase/downloads/index.html

La instalamos y después descargamos e instalamos android studio desde su página oficial:

https://developer.android.com/studio/index.html

Después de descargar el paquete seguimos los siguientes pasos:

1. Ejecuta el archivo DMG de Android Studio.
2. Arrastra Android Studio y suéltalo en la carpeta Applications. Luego inicia Android Studio.
3. Elige si deseas importar configuraciones previas de Android Studio y luego haz clic en **OK**.
4. El asistente de configuración de Android Studio te guiará en el resto de la configuración. Esto incluye la descarga de componentes del Android SDK que se necesiten para el desarrollo.

Instalar un editor de código compatible con TypeScript

Para finalizar de instalar las herramientas necesarias, como último paso necesitaremos un editor de código que nos coloree typescript para facilitarnos el trabajo. En realidad podríamos editar el código con cualquier editor de texto plano, pero una buena opción para typescript es utilizar Visual Studio Code de Microsoft que es multiplataforma y podéis descargarlo desde el siguiente enlace: https://code.visualstudio.com/

Este editor nos marcará los errores de sintaxis mientras introducimos el código lo que no ayuda bastante. Si prefieres otros editores eres libres de utilizar el que más te guste. Ya tenemos todo listo para empezar a desarrollar en Ionic.

Hola Mundo en Ionic

Vamos a crear nuestra primera aplicación con Ionic, el famoso "hola mundo" que siempre es el punto inicial en el aprendizaje de cualquier lenguaje de programación o framework.

Para crear nuestro proyecto "hola mundo" iremos a la consola de comandos o terminal y escribimos el siguiente comando:

```
ionic start hola-mundo blank
```

Nos preguntará si queremos utilizar Angular o React, en este libro vamos a utilizar angular, por lo tanto seleccionaremos Angular.

Después nos pregunta si queremos integrar nuestra app con Capacitor para generar aplicaciones nativas para iOS y Android, de momento para este ejemplo no vamos a utilizar Capacitor así que podemos responder que no.

```
C:\Users\edu\Documents\desarrollo\libroionic5>ionic start hola-mundo blank

Pick a framework!

Please select the JavaScript framework to use for your new app. To bypass this prompt next time, supply a value for the
--type option.

? Framework: Angular
√ Preparing directory .\hola-mundo - done!
√ Downloading and extracting blank starter - done!
? Integrate your new app with Capacitor to target native iOS and Android? (y/N)
```

Tras un rato descargando los paquetes necesarios para crear nuestra aplicación ya estará listo nuestro proyecto.

El comando **start** de ionic cli (*command–line interface*) se utiliza para crear (iniciar) un nuevo proyecto, el siguiente parámetro es el nombre del proyecto, en este caso **hola-mundo**, el siguiente parámetro es el tipo de plantilla que vamos a utilizar, en este caso **blank** que indica que utilizaremos una plantilla vacía.

Existen tres tipos de plantillas:

- **blank** : Crea una plantilla vacía.

- **sidemenu**: Crea una plantilla con menú lateral.
- **tabs**: Crea una plantilla con Tabs (Pestañas).
- **list:** Crea una plantilla con una lista.
- **my-first-app**: Crea un ejemplo de aplicación de galería y cámara.
- **conference**: Genera una demo que muestra lo que se puede hacer con ionic.

Para ver el resultado en el navegador debemos entrar dentro de la carpeta del proyecto 'hola-mundo' que se acabamos de crear con **ionic start** y escribimos el siguiente comando:

```
ionic serve -l
```

Para poder ejecutar ionic serve con el parámetro -l tenemos que instalar **@ionic/lab**, por eso la primera vez que lo ejecutemos nos pedirá que instalemos el paquete **@ionic/lab**:

```
Install @ionic/lab? (Y/n)
```

Le decimos que sí pulsando la tecla '**Y**'.

Podemos utilizar simplemente ionic serve, pero con el parámetro **-l** nos muestra como queda nuestra app en IOS, Android y Windows.

En la barra superior a la derecha desplegando la opción platforms podemos seleccionar en qué plataformas queremos ver cómo queda nuestra aplicación.

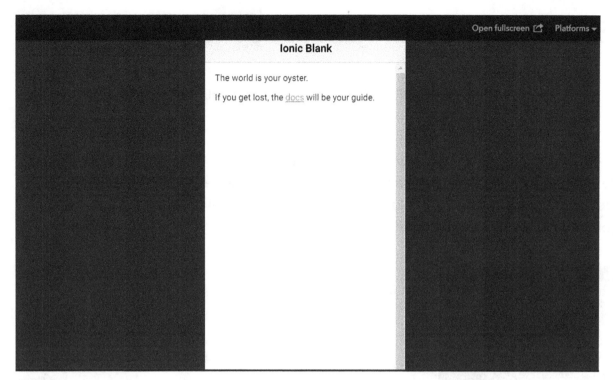

Vista de cómo quedaría nuestra primera App con plantilla Blank en el navegador.

Si no utilizamos -l mostrará solo una plataforma a pantalla completa.

Como podemos ver sin nosotros hacer nada tenemos creada la estructura de una app que podremos modificar para añadir lo que necesitemos.

Estructura de un proyecto Ionic

Vamos a ver la estructura de carpetas y archivos que se generan al crear un proyecto ionic.

Al crear un proyecto con ionic se crea una carpeta con el nombre del proyecto y dentro de ella una estructura de archivos y directorios que contiene todos los elementos del proyecto. Vamos a echar un vistazo a la estructura de archivos y carpetas que se ha generado al crear nuestro proyecto hola-mundo:

Veamos qué contiene cada carpeta:

e2e: Aquí se encuentra el código para escribir tests end to end que prueben la aplicación, no nos vamos a preocupar de esta carpeta.

node_modules: La carpeta node_modules se genera automáticamente al instalar las dependencias npm con "npm install". Este comando explora el archivo package.json para todos los paquetes que necesitan ser instalados. No necesitamos tocar nada en esta carpeta.

src: Esta es la carpeta más importante y donde realizaremos la mayor parte de nuestro trabajo. Aquí es donde están los archivos con el contenido de nuestra aplicación, donde definimos las pantallas, el estilo y el comportamiento que tendrá nuestra aplicación. Dentro de **src** tenemos las siguientes subcarpetas:

La carpeta **app**, que es donde se ubicará las páginas que creemos para la aplicación, los servicios y toda la lógica de programación.

La carpeta **assets** donde almacenaremos aquellos recursos que necesitemos para nuestra aplicación, como imágenes etc.

La carpeta **environments** contiene un archivo llamado environment.prod.ts y un archivo llamado environment.ts. Ambos archivos exportan un objeto llamado environment donde podemos definir variables de entorno, por defecto contienen la variable variable production que podemos utilizar para diferenciar cuando vamos a ejecutar la aplicación en producción en en modo desarrollo. De momento no nos vamos a preocupar por esto.

La carpeta **theme** contiene el archivo **variables.scss** donde se definen las variables css de ionic. Por defecto vienen definidos algunos colores que podemos utilizar.

El archivo **global.scss**: En este archivo podemos colocar css que se utilice globalmente en cualquier sitio de nuestra aplicación.

index.html: Es el punto de entrada de nuestra aplicación, la mayoría de las veces no necesitaremos cambiar nada aquí.

karma.conf.js: Es el archivo de configuración de karma, se utiliza para la realización de test unitarios.

main.ts: Es el punto de entrada del módulo principal de nuestra aplicación. No necesitaremos cambiar nada aquí.

polyfills.ts: Es un archivo de configuración que se genera al crear un proyecto angular, no necesitaremos modificar nada en el.

test.ts: Este archivo es requerido por **karma.conf.js** que como hemos comentado se utiliza para realizar tests unitarios.

tsconfig.app.json, tsconfig.spec.json y typings.d.ts:Contienen configuraciones typescript para los tests.

.editorconfig y **.gitignore** son dos archivos ocultos, así que dependiendo de tu sistema puede que no los veas, están relacionados con la configuración del editor de código y Git, en principio no tenemos que preocuparnos por ellos.

angular.json: Archivo de configuración de la app.

Ionic.config.json: Contiene información básica sobre la configuración nuestro proyecto.

package.json: Contiene paquetes y dependencias de nodeJS.

tsconfig.json y **tslint.json:** Son archivos que contienen información necesaria a la hora de compilar TypeScript, no necesitamos editar estos archivos.

Aunque pueda parecer complicado en realidad la mayoría de los elementos los gestiona automáticamente Ionic y nosotros solo tenemos que preocuparnos de la carpeta **src** que es donde se va a situar nuestro código.

Modificando nuestro hola mundo

Ahora que ya hemos visto la estructura de un proyecto en ionic vamos a modificar nuestro hola-mundo para que realmente diga "hola mundo".

Si desplegamos el directorio **src** podemos ver la carpeta **app**, en esta carpeta es donde se van a alojar todas la páginas que contenga nuestra aplicación. Para que nos entendamos una página será como una vista o un pantalla de nuestra aplicación.

Al crear un proyecto con la plantilla blank ionic genera por defecto una página llamada **home,** que como su propio nombre indica es la página inicial que se va a mostrar al iniciar nuestra aplicación. Esta página la podemos mantener como página principal y modificarla, o podemos eliminarla y crear otra con el nombre que nosotros queramos. De momento vamos a mantener la que nos ha creado por defecto y vamos a modificar su contenido.

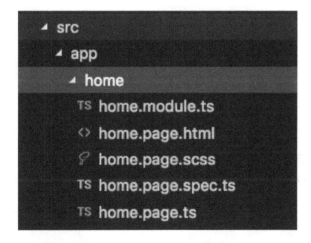

Como podemos ver dentro de la carpeta de la página home que nos ha creado hay cinco archivos:

El archivo **home.module.ts**: En este archivo se importan los módulos y funcionalidades requeridas.

El archivo **home.page.html** que contiene la plantilla html de la página.

El archivo **home.page.scss** que contiene el archivo sass donde podremos modificar el estilo de los componentes de la página.

home.page.spec.ts este archivo se utiliza para las pruebas unitarias, no nos vamos a preocupar de él por ahora.

El archivo **home.page.ts** que es el archivos typescript que contiene el controlador de la página, donde definiremos el comportamiento de la misma, como por ejemplo la función con la lógica a ejecutarse cuando se pulse sobre un botón de la página etc. Veremos más adelante en profundidad cada una de las partes de una página.

Si abrimos el archivo **home.page.html** veremos que contiene algo como esto:

```html
<ion-header [translucent]="true">
  <ion-toolbar>
    <ion-title>
      Blank
    </ion-title>
  </ion-toolbar>
</ion-header>

<ion-content [fullscreen]="true">
  <ion-header collapse="condense">
    <ion-toolbar>
      <ion-title size="large">Blank</ion-title>
    </ion-toolbar>
  </ion-header>

  <div id="container">
    <strong>Ready to create an app?</strong>
    <p>Start with Ionic <a target="_blank" rel="noopener noreferrer"
href="https://ionicframework.com/docs/components">UI Components</a></p>
  </div>
</ion-content>
```

Las páginas se pueden crear utilizando html puro, sin embargo aquí podemos ver algunas etiquetas que no corresponden con las etiquetas html "estándar". Lo que vemos aquí son componentes de ionic.

Ionic nos ofrece una amplia gama de componentes listos para utilizar y que nos facilitarán la labor de crear nuestra interfaz de usuario con un estilo atractivo y profesional.

Iremos viendo diferentes componentes de ionic según los vayamos necesitando a lo largo de este libro. En este enlace podéis consultar en la documentación oficial de ionic los componentes disponibles con pequeños ejemplos de como implementarlos:
https://ionicframework.com/docs/components/

Todos los componentes de ionic comienzan con el prefijo **"ion-"**.

Cómo ionic está basado en Web components si en algún caso no nos es suficiente con los componentes que nos ofrece ionic podríamos crear nuestros propios componentes personalizados, aunque en la mayoría de los casos no será necesario ya que ionic nos ofrece una amplia gama de componentes para poder desarrollar nuestras aplicaciones.

Veremos más sobre componentes en posteriores capítulos.

En la página principal (y única de momento) de nuestro proyecto hola-mundo vemos que tenemos los siguientes componentes:

- **ion-header**: Cabecera.
- **ion-toolbar**: Barra de herramientas.
- **ion-title**: Título.
- **ion-content**: Contenido de la página.

Como puedes ver **ion-header** aparece dos veces, una dentro de la etiqueta **ion-content** con el parámetro **collapse="condense"**, esto es una nueva funcionalidad que trae ionic 5 y que solo es visible en IOS, al hacer scroll la cabecera se colapsa.
En los ejemplos de este libro no vamos a utilizar esta funcionalidad, pero si necesitas saber más sobre cómo funcionan las cabeceras desplegables para iOS en ionic puedes consultar la documentación oficial de ionic al respecto en el siguiente link:

https://ionicframework.com/docs/api/title#collapsible-large-titles

Vamos a cambiar el contenido de **ion-title** por **"Hola Mundo"** en la cabecera , también vamos a borrar todo lo que hay dentro de la etiqueta **ion-content** y vamos a poner orgullosos **"<h1>¡¡¡¡Hola mundo!!!!<h1>"**, así el código de **home.html** debería quedar de la siguiente manera:

```html
<ion-header [translucent]="true">
  <ion-toolbar>
    <ion-title>
    Hola Mundo
    </ion-title>
  </ion-toolbar>
</ion-header>


<ion-content [fullscreen]="true">
  <div class="ion-padding">
    <h1>¡¡¡¡Hola mundo!!!!</h1>
  </div>
</ion-content>
```

Si desde el terminal,escribimos ***ionic serve -l*** para ver desde el navegador como queda en las tres plataformas nuestra aplicación veremos algo como esto:

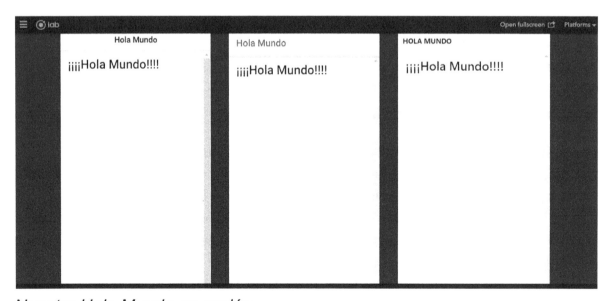

Nuestro Hola Mundo en acción.

Ahora ya si podemos ver nuestro auténtico Hola Mundo en acción.

Puedes descargar o clonar este proyecto desde GitHub en el siguiente link:

https://github.com/edurevilla/libro-ionic-5-hola-mundo

Mini Juego de acertar números

Después de ver en el capítulo anterior cómo modificar la plantilla de una página para simplemente mostrar el texto "Hola Mundo", vamos a avanzar un poco más en nuestro aprendizaje y vamos a programar nuestra primera aplicación interactiva.

Se trata de un simple juego de acertar el número secreto. La aplicación creará un número aleatorio que nosotros debemos adivinar.

Por primera vez vamos a programar con Ionic. Por el camino aprenderemos conceptos como **Data Binding**, que nos permite actualizar valores entre el html y el controlador y recoger las acciones del usuario como pulsar un botón.

Bien, sin más preámbulos vamos a empezar:

Vamos a crear un nuevo proyecto ionic que en este caso le vamos a llamar adivina: Abrimos el terminal o consola de comandos y situándonos en la carpeta donde queremos crear nuestro proyecto escribimos:

```
ionic start adivina blank
```

Una vez más seleccionamos Angular como framework y de momento le podemos decir que no queremos integrar nuestro proyecto con Capacitor.

Una vez se haya generado el proyecto nos situamos dentro de la carpeta del proyecto de acabamos de crear:

```
cd adivina
```

Y una vez dentro ejecutamos **ionic serve** para ver en el navegador los cambios que vayamos haciendo en nuestra aplicación.

```
ionic serve -l
```

Recuerda que si utilizas la opción **-l** con ionic serve puedes visualizar como queda la app en todas las plataformas, la primera vez que ejecutes el comando en un proyecto nuevo te pedirá que instales **@ionic/lab**.

Ahora abrimos la carpeta del proyecto que acabamos de crear en el editor, entramos en **src/app/home** y abrimos el archivo **home.page.html.**

Editamos su contenido para que quede de la siguiente manera:

```html
<ion-header>
  <ion-toolbar>
    <ion-title>
      Adivina el número secreto
    </ion-title>
  </ion-toolbar>
</ion-header>


<ion-content>
  <div class="ion-padding">
    <ion-input type="number" min="1" max="100" [(ngModel)]="num"
placeholder="Introduce un número del 1 al 100"></ion-input>
    <p>El número secreto es {{ mayorMenor }} {{ num }}</p>
    <ion-button expand="block"
(click)="compruebaNumero()">Adivina</ion-button>
  </div>
</ion-content>
```

Si nunca antes has programado en angular ni en ionic es posible que el código te resulte extraño, no te preocupes, ahora vamos a ver lo que es cada cosa, si por el contrario ya has programado en angular o en versiones anteriores de ionic es probable este código te resulte familiar.

Tenemos una plantilla básica de una página con **ion-header**, **ion-toolbar** y **ion-title** donde hemos puesto el título de nuestra aplicación "Adivina el número secreto". Hasta aquí ninguna novedad con lo que ya habíamos visto en el capítulo anterior.

Dentro de **ion-content** que como sabemos es donde va el contenido de la página tenemos un div al que le aplicamos la clase **ion-padding** que deja un espacio entre el borde de la pantalla y el contenido dentro de este div es donde está lo interesante:

```
<ion-input type="number" min="1" max="100" [(ngModel)]="num"
placeholder="Introduce un número del 1 al 100"></ion-input>
```

Primero tenemos un **ion-input** que es muy parecido a un input de html, le decimos que sea de tipo number, le ponemos un rango mínimo a 1 y máximo a 100.

El siguiente parámetro **[(ngModel)]** es el encargado de hacer el Data Binding entre el valor del input y una variable llamada **num** que estará definida como luego veremos en el controlador de la página. Este es un Data Binding bidireccional ya que si se introduce un valor en el input automáticamente este será reflejado en la variable del controlador, del mismo modo si algún proceso cambia el valor de esta variable en el controlador éste automáticamente aparecerá reflejado como valor del input.

Por último el input tiene un placeholder indicando que se introduzca un valor entre 1 y 100.

La siguiente línea es un párrafo que contiene lo siguiente:

```
<p>El número secreto es {{ mayorMenor }} {{ num }}</p>
```

Si ya conoces ionic o angular sabes de qué se trata. En este caso con las dobles llaves "{{ }}" hacemos un Data Binding unidireccional, **mayorMenor** es una variable que estará definida en el controlador y con las dobles llaves muestra su valor.

La variable contendrá el texto "mayor que" en caso de que el número secreto sea mayor al introducido, "menor que" en caso de ser menor e "igual a" en caso de ser igual.

En las últimas llaves mostramos el valor de la variable num, veremos cómo al introducir un número este se actualiza automáticamente.

Por último tenemos un botón para comprobar si el número introducido coincide con el número secreto:

```
<ion-button expand="block" (click)="compruebaNumero()">Adivina</ion-button>
```

En la documentación oficial de ionic podéis ver más sobre cómo crear distintos tipos de botones con ionic:https://ionicframework.com/docs/api/button

De momento esto es todo lo que necesitamos en la plantilla de nuestro juego.

Ahora necesitamos programar el comportamiento en el controlador de la página.

Si abrimos el archivo **home.page.ts** que se genera automáticamente al crear un proyecto en blanco veremos el siguiente código:

```
import { Component } from '@angular/core';

@Component({
  selector: 'app-home',
  templateUrl: 'home.page.html',
  styleUrls: ['home.page.scss'],
})
export class HomePage {

}
```

Este código esta es typeScript. Como ya hemos comentado TypeScript permite utilizar elementos de las últimas versiones del estándar ECMAscript aunque todavía no estén implementadas en el navegador que estemos utilizando. También nos permite utilizar variables tipadas.

Como hemos comentado anteriormente con Ionic vamos a utilizar Angular que a su vez utiliza TypeScript, así que es muy beneficioso conocer Angular y typescript.

Aquí vamos a explicar a groso modo las cuestiones más importantes para poder desenvolvernos con ionic pero para saber más sobre Angular y sacarle el máximo podéis encontrar en la red muchos recursos para aprender Angular.

Analicemos el código de **home.page.ts:**

Lo primero que vemos es una línea **import:**

```
import { Component } from '@angular/core';
```

Import se utiliza para importar módulos que contienen librerías y clases para poder utilizarlas en nuestro proyecto. Podemos importar módulos propios de Ionic que ya se incorporan al crear un proyecto, librerías de Angular, librerías de terceros que podemos instalar o nuestras propias librerías.
En este caso se importa el elemento **Component** de **@angular/core**.

Las páginas son componentes de Angular, por eso necesitamos importar **Component.**

Después vemos el siguiente código:

```
@Component({
  selector: 'app-home',
  templateUrl: 'home.page.html',
  styleUrls: ['home.page.scss'],
})
```

@Component es un decorador de Angular. Angular usa los decoradores para registrar un componente.

Los decoradores empiezan con **@.**

Los decoradores se colocan antes de la clase y definen cómo se va a comportar esta.

Existen los siguientes decoradores:

- @Component
- @Injectable
- @Pipe
- @Directive

De momento nos interesa **@Component**.

En el código vemos que **@Component** contiene un objeto con dos atributos, **selector:'app-home',** que es el selector que se va a aplicar a la página, **templateUrl:'home.page.html'** que es la plantilla html que va a renderizar la página y **styleUrls: ['home.page.scss']** donde se indica dónde se encuentran los estilos que se van a aplicar al componente, es decir en este caso a la página.

Por último se exporta una clase llamada HomePage:

```
export class HomePage {


}
```

Podemos añadir a la clase un constructor en caso de que necesitemos iniciar atributos de la clase, inyectar dependencias o realizar alguna operación en el momento de crear la clase, en este ejemplo no lo vamos a necesitar, lo veremos más adelante en otros ejemplos.

En TypeScript la creación de clases es muy similar a como sería en otros lenguajes de programación orientado a objetos como Java.

Todos los datos que se muestran en la plantilla y todas las funciones a las que se llame por ejemplo al hacer clic en un botón deben formar parte de la clase **HomePage** qué es el controlador de la página.

Como ya hemos visto en la plantilla **home.page.html** utilizamos **[(ngModel)]="num"** para recoger en la variable **num** el valor que se introduzca en el campo input, también mostramos otra variable llamada **mayorMenor** que indicará si el número introducido es mayor o menor que el número que hay que adivinar y mostramos la variable **num** que se actualizará instantáneamente al introducir un número.

```html
<ion-input type="number" min="1" max="100" [(ngModel)]="num"
placeholder="Introduce un número del 1 al 100"></ion-input>
 <p>El número secreto es {{ mayorMenor }}  {{ num }}</p>
```

Por lo tanto estas variables deben de estar definidas en el controlador dentro de la clase **HomePage** del archivo **home.page.ts**:

```typescript
import { Component } from '@angular/core';


@Component({
 selector: 'app-home',
 templateUrl: 'home.page.html',
 styleUrls: ['home.page.scss'],
})
export class HomePage {

 num:number;
 mayorMenor = '...';


  constructor() {}


}
```

Como podemos observar para definir una variable ponemos el nombre de la variable y seguido de dos puntos ":" el tipo de valor que va a contener. Si lo deseamos podemos inicializar la variable con un valor en el momento de declararla.

En este caso *num* es de tipo *number* y *mayorMenor* de tipo *string* aunque no es necesario ponerlo ya que al inicializarla con una cadena de texto automáticamente se le asigna el tipo string.

La variable **mayorMenor** va a contener un texto con la palabra "Mayor", "Menor" o "Igual" según sea el caso. Inicializamos la variable *mayorMenor* con tres puntos suspensivos "…".

Los tipos primitivos de variable que podemos definir son:

- **number** (Numérico).
- **string** (cadenas de texto).
- **boolean** (Booleano: true o false).
- **any** (cualquier tipo).
- **Array**.

También vamos a necesitar otra variable que contenga el número secreto que debemos adivinar, le vamos a llamar *numSecret* y como valor le vamos a asignar la respuesta a la llamada a una función llamada *numAleatorio* que crearemos a continuación.

Definimos la variable *numSecret* de tipo number debajo de las dos variables anteriores:

```
numSecret: number = this.numAleatorio(0,100);
```

Hacemos referencia a la función **numAleatorio** con **this** porque va a ser un método de la propia clase.

Ahora vamos a crear la función **numAleatorio** que como su nombre indica nos devolverá un número aleatorio entre dos números:

```
numAleatorio(a,b)
{
  return Math.round(Math.random() * (b - a) + parseInt(a, 10));
}
```

Esta función recibe como parámetros dos valores que serán el rango mínimo y el máximo para el número aleatorio, es este caso le estamos pasando 0 y 100 por lo que obtendremos un número aleatorio entre 0 y 100.

Por último vamos a crear la función **compruebaNumero** que se llama al pulsar el botón **Adivina** que en la parte html como recordarás lo hemos definido así:

```html
<ion-button expand="block" (click)="compruebaNumero()">Adivina</ion-button>
```

Y ahora en **home.page.ts** definimos la función dentro de la clase **HomePage**:

```typescript
compruebaNumero(){
    if(this.num)
    {
      if(this.numSecret < this.num)
      {
        this.mayorMenor = 'menor que';
      }
      else if(this.numSecret > this.num)
      {
        this.mayorMenor = 'mayor que';
      }
      else{
        this.mayorMenor = '';
      }
    }
 }
```

Esta función compara el número secreto que está contenido en la variable **numSecret** con el número introducido por el usuario que se aloja en la variable **num** y le asigna a la variable **mayorMenor** el texto "menor que", "mayor que" o "igual a" en función de si es menor, mayor o igual que esta.

Observa que debemos utilizar **this** para las variables ya que son atributos de la propia clase.

El código completo de **home.page.ts** quedará de esta manera:

```typescript
import { Component } from '@angular/core';
```

```typescript
@Component({
  selector: 'app-home',
  templateUrl: 'home.page.html',
  styleUrls: ['home.page.scss'],
})
export class HomePage {

  num: number;
  mayorMenor = '...';
  numSecret: number = this.numAleatorio(0,100);


  constructor() {}


  numAleatorio(a, b) {
    return Math.round(Math.random() * (b - a) + parseInt(a, 10));
  }


  compruebaNumero(){
    if(this.num)
    {
      if(this.numSecret < this.num)
      {
        this.mayorMenor = 'menor que';
      }
      else if(this.numSecret > this.num)
      {
        this.mayorMenor = 'mayor que';
      }
      else{
        this.mayorMenor = '';
      }
    }
```

```
        }
}
```

Ahora si lo ejecutamos en el navegador con **ionic serve -l** (si no lo tenías ya en marcha), podemos ver un campo para introducir un número, y debajo un texto que dice "el número secreto es … ", en estos momentos no hay introducido ningún número por lo que aparecen los puntos suspensivos.

Si introducimos un número vemos que automáticamente en el texto aparece ese número el mismo tiempo que lo escribimos. Eso es porque estamos realizando un **Data Binding** con la variable **num**. Al utilizar **[(ngModel)]="num"** en el campo input le estamos indicando que la variable coja el valor que introducimos en el input y lo refresque automáticamente en todos los sitios donde se utilice, por ejemplo en el texto de debajo.Lo mismo ocurre si cambiamos el valor de la variable desde el código.

Por últimos si pulsamos el botón adivina obtendremos algo como esto:

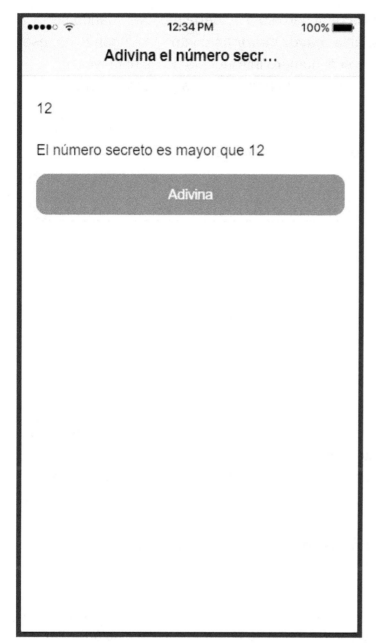

Vista de nuestro juego en acción

Al pulsar el botón se ha ejecutado la función **compruebaNumero()**, dentro de la función se ha comprobado que el número secreto es mayor a 12 por lo que a la variable **mayorMenor** se le asigna el texto "mayor que".

Cuando acertemos el número secreto el texto dirá que el número secreto es el número introducido. Esto es un poco soso, vamos a hacer algunos cambios para que cuando acertemos el número nos muestre un mensaje felicitándonos por haber acertado.

Este mensaje lo ponemos en la plantilla html pero solo se debe mostrar cuando se cumpla una condición y es que la variable *mayorMenor* no contenga ningún texto, eso ocurre cuando hemos acertado ya que si el número introducido no es ni mayor ni menor, es decir que es es igual al número secreto hacemos la siguiente asignación **this.mayorMenor = ''.**

Vamos a añadir lo siguiente en **home.page.html** justo antes del botón "Adivina":

```
<ion-card *ngIf="mayorMenor==''">
   <ion-card-header>
     ¡¡¡Enhorabuena!!!
   </ion-card-header>
   <ion-card-content>
       Has acertado, el número secreto es el {{ num }}
   </ion-card-content>
 </ion-card>
```

Aprovecho la ocasión para introducir otro componente de ionic: **ion-card**, las cards o "tarjetas" son componentes que muestran la información en un recuadro. Como vemos dentro contiene otros dos componentes **<ion-card-header>** y **<ion-card-content>**, Como habrás adivinado el primero permite mostrar una cabecera dentro de la tarjeta y el segundo el contenido que deseemos.

En la documentación oficial de ionic podéis ver todas las posibilidades que tiene **ion-card**:https://ionicframework.com/docs/api/card

Queremos que está card se muestre solo cuando la variable de nuestro controlador **mayorMenor** contenga una cadena vacía después de hacer la comprobación.

Aquí entra en juego la directiva condicional *ngIf:

```
<ion-card *ngIf="mayorMenor==''">
```

La directiva *ngIf es una directiva estructural, lo que significa que nos permite alterar el DOM (Document Object Model), estas directivas llevan un asterisco "*" delante.

Con *ngIf le estamos indicando que el elemento donde se encuentra, ion-card en este caso, solo se muestre si se cumple la condición que tiene definida entre las dobles comillas. En este caso le estamos diciendo que solo se muestre el elemento ion-card cuando **mayorMenor==”**.

Sabiendo esto vamos a darle otra vuelta de tuerca más y vamos a añadir un botón para volver a jugar una vez que hemos acertado, este botón llamará a una función para volver a generar un nuevo número aleatorio y reiniciará las variables para que se oculte el **ion-card**. Este botón debe permanecer oculto hasta que hayamos acertado, y cuando se muestra debe ocultarse el botón **Adivina** para que no podamos pulsarlo después de haber adivinado el número hasta que empecemos una nueva partida.

Editamos **home.page.html** y añadimos ***ngIf** al botón **Adivina** para que solo se muestre cuando no hemos acertado el número:

```
<ion-button *ngIf="mayorMenor!=''" expand="block"
(click)="compruebaNumero()">Adivina</ion-button>
```

Ahora añadimos el botón "Volver a Jugar" justo después del de **Adivina** en **home.page.html**:

```
 <ion-button *ngIf="mayorMenor==''" expand="block"
(click)="reinicia()">Volver a Jugar</ion-button>
```

Con ***ngIf** indicamos que solo se muestre cuando hayamos acertado el número, es decir cuando la variable mayorMenor esté vacía, y en el evento *(click)* le indicamos que ejecute la función *reinicia()*.

Por lo tanto ahora vamos a editar nuestro controlador (**home.page.ts**) y añadimos la función **reinicia()**, que como hemos dicho debe reiniciar las variables para poder comenzar el juego:

```
reinicia(){
  // reiniciamos las variables
  this.num = null;
  this.mayorMenor = '...';
  this.numSecret = this.numAleatorio(0,100);
}
```

Si acertamos el número veremos algo como esto:

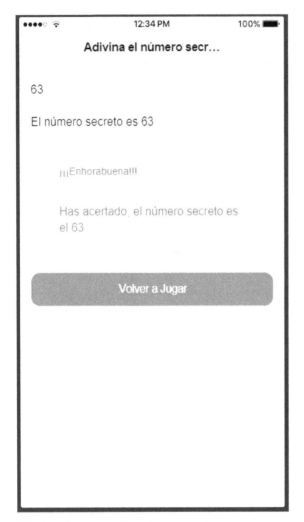

Vista de nuestro juego al acertar.

Ahora ya podemos volver a jugar una vez de que hemos adivinado el número.

Este juego se podría mejorar añadiendo un contador de intentos. Podríamos limitar el número de intentos y mostrar un mensaje si se han consumido todos los intentos sin acertar el número secreto. Esto lo dejo como deberes para el que quiera practicar más, sin duda experimentar y tratar de modificar el juego es una de las mejores formas de aprender.

Puedes descargar o clonar este proyecto desde GitHub en el siguiente link: https://github.com/edurevilla/libro-ionic-5-adivina.git

Personalizando el diseño de nuestra aplicación

El diseño de los componentes de ionic se adaptan a cada plataforma dando la apariencia de componentes nativos, esto nos ahorra mucho tiempo en diseño y hace que la experiencia de usuario sea similar a la de una app nativa. Sin embargo nosotros podemos personalizar el diseño de nuestra app.
Vamos a ver cómo podemos cambiar algunas cosas.

Variables SASS y Variables CSS4

SASS supuso un avance frente a css estándar ya incluía cosas como las variables SASS que nos permiten definir un valor una vez y utilizarlo en varios lugares.
Con CSS4 ya podemos definir nuestras propias variables por lo que ya no necesitamos SASS para este propósito.

Ionic utilizaba variables SASS en las versiones anteriores a ionic 4, sin embargo ionic a partir de la versión 4 utiliza directamente variables **CSS4** en lugar de variables SASS.
Ionic todavía incluye SASS y puedes seguir utilizándolo, sin embargo es preferible preferible utilizar variables CSS4 que funcionan nativamente en el navegador sin necesidad de ser precompiladas.
Por lo tanto no nos vamos a preocupar de cómo funcionan las variables SASS, vamos a aprender a utilizar variables de CSS4 para dar estilo a nuestra aplicación.

Las variables en de CSS4 se declaran de la siguiente manera:

```
--color-fondo: #f5f6f9;
```

Y para utilizarla en cualquier sitio que queramos lo hacemos de la siguiente manera:

```
.mi-clase {
 background-color: var(--color-fondo);
}
```

Como podemos observar las variables CSS4 se declaran con dos guiones por delante.

Colores

Ionic ya dispone de un set de colores predefinidos que podemos utilizar directamente en nuestros componentes.
Estos colores son:

Primary	#3880ff
Secondary	#3dc2ff
Tertiary	#5260ff
Success	#2dd36f
Warning	#ffc409
Danger	#eb445a
Dark	#222428
Medium	#92949c
Light	#f4f5f8

Para utilizar estos colores solamente tenemos que añadir el parámetro **color** al elemento que queramos modificar.

Por ejemplo si queremos que el botón **Adivina** del juego que hemos creado en el capítulo anterior sea negro podemos decirle que sea de color **dark** de la siguiente manera:

```
<ion-button *ngIf="mayorMenor!=''" color="dark" expand="block"
(click)="compruebaNumero()">Adivina</ion-button>
```

Estos colores están definidos en las variables css que se encuentran en el archivo **variables.scss** dentro de la carpeta **theme,** donde encontraremos algo como esto:

```scss
// Ionic Variables and Theming. For more info, please see:
// http://ionicframework.com/docs/theming/

/** Ionic CSS Variables **/
:root {
  /** primary **/
  --ion-color-primary: #3880ff;
  --ion-color-primary-rgb: 56, 128, 255;
  --ion-color-primary-contrast: #ffffff;
  --ion-color-primary-contrast-rgb: 255, 255, 255;
  --ion-color-primary-shade: #3171e0;
  --ion-color-primary-tint: #4c8dff;


  /** secondary **/
  --ion-color-secondary: #3dc2ff;
  --ion-color-secondary-rgb: 61, 194, 255;
  --ion-color-secondary-contrast: #ffffff;
  --ion-color-secondary-contrast-rgb: 255, 255, 255;
  --ion-color-secondary-shade: #36abe0;
  --ion-color-secondary-tint: #50c8ff;

  /** tertiary **/
  --ion-color-tertiary: #5260ff;
  --ion-color-tertiary-rgb: 82, 96, 255;
  --ion-color-tertiary-contrast: #ffffff;
  --ion-color-tertiary-contrast-rgb: 255, 255, 255;
  --ion-color-tertiary-shade: #4854e0;
```

```
--ion-color-tertiary-tint: #6370ff;

/** success **/
--ion-color-success: #2dd36f;
--ion-color-success-rgb: 45, 211, 111;
--ion-color-success-contrast: #ffffff;
--ion-color-success-contrast-rgb: 255, 255, 255;
--ion-color-success-shade: #28ba62;
--ion-color-success-tint: #42d77d;

/** warning **/
--ion-color-warning: #ffc409;
--ion-color-warning-rgb: 255, 196, 9;
--ion-color-warning-contrast: #000000;
--ion-color-warning-contrast-rgb: 0, 0, 0;
--ion-color-warning-shade: #e0ac08;
--ion-color-warning-tint: #ffca22;

/** danger **/
--ion-color-danger: #eb445a;
--ion-color-danger-rgb: 235, 68, 90;
--ion-color-danger-contrast: #ffffff;
--ion-color-danger-contrast-rgb: 255, 255, 255;
--ion-color-danger-shade: #cf3c4f;
--ion-color-danger-tint: #ed576b;

/** dark **/
--ion-color-dark: #222428;
--ion-color-dark-rgb: 34, 36, 40;
--ion-color-dark-contrast: #ffffff;
--ion-color-dark-contrast-rgb: 255, 255, 255;
--ion-color-dark-shade: #1e2023;
--ion-color-dark-tint: #383a3e;

/** medium **/
--ion-color-medium: #92949c;
--ion-color-medium-rgb: 146, 148, 156;
```

```css
    --ion-color-medium-contrast: #ffffff;
    --ion-color-medium-contrast-rgb: 255, 255, 255;
    --ion-color-medium-shade: #808289;
    --ion-color-medium-tint: #9d9fa6;


    /** light **/
    --ion-color-light: #f4f5f8;
    --ion-color-light-rgb: 244, 245, 248;
    --ion-color-light-contrast: #000000;
    --ion-color-light-contrast-rgb: 0, 0, 0;
    --ion-color-light-shade: #d7d8da;
    --ion-color-light-tint: #f5f6f9;
}


@media (prefers-color-scheme: dark) {
  /*
   * Dark Colors
   * -------------------------------------------
   */


  body {
    --ion-color-primary: #428cff;
    --ion-color-primary-rgb: 66,140,255;
    --ion-color-primary-contrast: #ffffff;
    --ion-color-primary-contrast-rgb: 255,255,255;
    --ion-color-primary-shade: #3a7be0;
    --ion-color-primary-tint: #5598ff;

    --ion-color-secondary: #50c8ff;
    --ion-color-secondary-rgb: 80,200,255;
    --ion-color-secondary-contrast: #ffffff;
    --ion-color-secondary-contrast-rgb: 255,255,255;
    --ion-color-secondary-shade: #46b0e0;
    --ion-color-secondary-tint: #62ceff;

    --ion-color-tertiary: #6a64ff;
    --ion-color-tertiary-rgb: 106,100,255;
```

```
--ion-color-tertiary-contrast: #ffffff;
--ion-color-tertiary-contrast-rgb: 255,255,255;
--ion-color-tertiary-shade: #5d58e0;
--ion-color-tertiary-tint: #7974ff;


--ion-color-success: #2fdf75;
--ion-color-success-rgb: 47,223,117;
--ion-color-success-contrast: #000000;
--ion-color-success-contrast-rgb: 0,0,0;
--ion-color-success-shade: #29c467;
--ion-color-success-tint: #44e283;


--ion-color-warning: #ffd534;
--ion-color-warning-rgb: 255,213,52;
--ion-color-warning-contrast: #000000;
--ion-color-warning-contrast-rgb: 0,0,0;
--ion-color-warning-shade: #e0bb2e;
--ion-color-warning-tint: #ffd948;


--ion-color-danger: #ff4961;
--ion-color-danger-rgb: 255,73,97;
--ion-color-danger-contrast: #ffffff;
--ion-color-danger-contrast-rgb: 255,255,255;
--ion-color-danger-shade: #e04055;
--ion-color-danger-tint: #ff5b71;


--ion-color-dark: #f4f5f8;
--ion-color-dark-rgb: 244,245,248;
--ion-color-dark-contrast: #000000;
--ion-color-dark-contrast-rgb: 0,0,0;
--ion-color-dark-shade: #d7d8da;
--ion-color-dark-tint: #f5f6f9;


--ion-color-medium: #989aa2;
--ion-color-medium-rgb: 152,154,162;
--ion-color-medium-contrast: #000000;
--ion-color-medium-contrast-rgb: 0,0,0;
```

```css
    --ion-color-medium-shade: #86888f;
    --ion-color-medium-tint: #a2a4ab;

    --ion-color-light: #222428;
    --ion-color-light-rgb: 34,36,40;
    --ion-color-light-contrast: #ffffff;
    --ion-color-light-contrast-rgb: 255,255,255;
    --ion-color-light-shade: #1e2023;
    --ion-color-light-tint: #383a3e;
}

/*
 * iOS Dark Theme
 * -------------------------------------------
 */

.ios body {
    --ion-background-color: #000000;
    --ion-background-color-rgb: 0,0,0;

    --ion-text-color: #ffffff;
    --ion-text-color-rgb: 255,255,255;

    --ion-color-step-50: #0d0d0d;
    --ion-color-step-100: #1a1a1a;
    --ion-color-step-150: #262626;
    --ion-color-step-200: #333333;
    --ion-color-step-250: #404040;
    --ion-color-step-300: #4d4d4d;
    --ion-color-step-350: #595959;
    --ion-color-step-400: #666666;
    --ion-color-step-450: #737373;
    --ion-color-step-500: #808080;
    --ion-color-step-550: #8c8c8c;
    --ion-color-step-600: #999999;
    --ion-color-step-650: #a6a6a6;
    --ion-color-step-700: #b3b3b3;
```

```
  --ion-color-step-750: #bfbfbf;
  --ion-color-step-800: #cccccc;
  --ion-color-step-850: #d9d9d9;
  --ion-color-step-900: #e6e6e6;
  --ion-color-step-950: #f2f2f2;


  --ion-toolbar-background: #0d0d0d;


  --ion-item-background: #1c1c1c;
  --ion-item-background-activated: #313131;
}


/*
 * Material Design Dark Theme
 * ------------------------------------------
 */


.md body {
  --ion-background-color: #121212;
  --ion-background-color-rgb: 18,18,18;


  --ion-text-color: #ffffff;
  --ion-text-color-rgb: 255,255,255;


  --ion-border-color: #222222;


  --ion-color-step-50: #1e1e1e;
  --ion-color-step-100: #2a2a2a;
  --ion-color-step-150: #363636;
  --ion-color-step-200: #414141;
  --ion-color-step-250: #4d4d4d;
  --ion-color-step-300: #595959;
  --ion-color-step-350: #656565;
  --ion-color-step-400: #717171;
  --ion-color-step-450: #7d7d7d;
  --ion-color-step-500: #898989;
```

```
    --ion-color-step-550: #949494;
    --ion-color-step-600: #a0a0a0;
    --ion-color-step-650: #acacac;
    --ion-color-step-700: #b8b8b8;
    --ion-color-step-750: #c4c4c4;
    --ion-color-step-800: #d0d0d0;
    --ion-color-step-850: #dbdbdb;
    --ion-color-step-900: #e7e7e7;
    --ion-color-step-950: #f3f3f3;

    --ion-item-background: #1A1B1E;
  }


  ion-title.title-large {
    --color: white;
  }
}
```

Nosotros podemos editar estas variables y añadir nuestros propios colores personalizados.

Lo que editemos en este archivo **variables.scss** se podrá aplicar a cualquier elemento en cualquier parte de la aplicación, como veremos más adelante cada página contiene su propio archivo **scss**, lo que se cambie en el archivo **scss** de cada página solamente se aplicará a su propia página.
Aunque los archivos scss son de SASS se puede utilizar css estándar en ellos.
Después de pre-compilarlos se generará un archivo css estándar aunque eso se realiza automatizada por lo que no tenemos que preocuparnos.

Como ejemplo de uso de las variables css vamos a editar **variables.scss** y a crear una variable llamada **--borde-grueso** dentro del selector **:root** para asignarle **5px solid #ff0000**:

Debajo de donde tenemos definido los colores añadimos:

```
  --borde-grueso:  3px solid #000;
```

Debe de quedar de esta manera:

...

```
/** light **/
 --ion-color-light: #f4f5f8;
 --ion-color-light-rgb: 244, 245, 248;
 --ion-color-light-contrast: #000000;
 --ion-color-light-contrast-rgb: 0, 0, 0;
 --ion-color-light-shade: #d7d8da;
 --ion-color-light-tint: #f5f6f9;


 --borde-grueso:  3px solid #000;
}


@media (prefers-color-scheme: dark) {
  /*
   * Dark Colors
...
```

Cómo la hemos definido en el archivo variables.css dentro del selector :root podemos utilizar esta variable en cualquier lugar de la aplicación. De momento nuestra app solo tiene una única página, pero si tuviera más páginas podríamos utilizar esta variable en el archivo .scss de cualquier página.

Si quisiéramos que la variable que sólo se aplique a una página en concreto tendríamos que definirla en el archivo .scss de dicha página.

Bien, ahora que hemos definido la variable **--borde-grueso** vamos a decirle que el componente **ion-input** y que la etiqueta **p** tengan un borde utilizando la variable que acabamos de definir, para ello editamos el archivo **home.page.scss**:

Veremos que hay código css que ionic ha añadido por defecto a la página home, como hemos eliminado el contenido por defecto de la página para crear nuestro propio contenido podemos borrar todo y añadir lo que nos interesa, en este caso vamos a añadir lo siguiente:

```
p{
    border: var(--borde-grueso);
```

```
}

ion-input{
    border: var(--borde-grueso);
}
```

Esto hará que el input y texto "el número secreto es .." muestren un borde de 3 pixeles de color negro, si después queremos cambiar todos los bordes solo tenemos que cambiar el valor de la variable en lugar de modificar todos los elementos donde lo hemos aplicado.

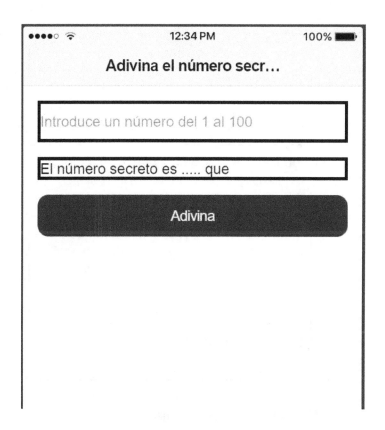

Nos ha servido como ejemplo para entender las variables CSS4 pero no queda muy bonito que digamos, puedes dejarlo como estaba sin bordes si lo prefieres.

Utilidades CSS - Estilos predefinidos

Ionic proporciona un conjunto de **de clases** CSS de utilidad que se pueden utilizar en cualquier elemento para modificar el texto o ajustar el padding y el margin etc.

A continuación vamos a ver una lista de clases ya definidos que podemos utilizar directamente en nuestros elementos:

Alineación del texto

Clase	Regla de estilo	Descripción
ion-text-left	**text-align: left**	El contenido se alinea al borde izquierdo
ion-text-right	**text-align: right**	El contenido se alinea al borde derecho.
ion-text-start	**text-align: start**	Igual que **text-left** si la dirección es de izquierda a derecha y **text-right** si la dirección es de derecha a izquierda.
ion-text-end	**text-align: end**	Igual que **text-right** si la dirección es de izquierda a derecha y **text-left** si la dirección es de derecha a izquierda.
ion-text-center	**text-align: center**	El contenido se muestra centrado.
ion-text-justify	**text-align: justify**	En contenido de muestran justificados.
ion-text-wrap	**white-space: nowrap**	El texto se muestra en varia líneas cuando no cabe en una sola.
ion-text-nowrap	**white-space: normal**	El texto se muestra en una sola línea mostrando puntos suspensivos si no cabe.

Ejemplos de uso:

```
<ion-grid>
  <ion-row>
    <ion-col>
      <div class="ion-text-start">
        <h3>text-start</h3>
        Lorem ipsum dolor sit amet, consectetur adipiscing elit. Sed ac
vehicula lorem.
      </div>
    </ion-col>
    <ion-col>
      <div class="ion-text-end">
        <h3>text-end</h3>
        Lorem ipsum dolor sit amet, consectetur adipiscing elit. Sed ac
vehicula lorem.
      </div>
    </ion-col>
    <ion-col>
      <div class="ion-text-center">
        <h3>text-center</h3>
        Lorem ipsum dolor sit amet, consectetur adipiscing elit. Sed ac
vehicula lorem.
      </div>
    </ion-col>
  </ion-row>
  <ion-row>
    <ion-col>
      <div class="ion-text-justify">
        <h3>text-justify</h3>
        Lorem ipsum dolor sit amet, consectetur adipiscing elit. Sed ac
vehicula lorem.
      </div>
```

```
      </ion-col>
      <ion-col>
        <div class="ion-text-wrap">
          <h3>text-wrap</h3>
          Lorem ipsum dolor sit amet, consectetur adipiscing elit. Sed ac
vehicula lorem.
        </div>
      </ion-col>
      <ion-col>
        <div class="ion-text-nowrap">
          <h3>text-nowrap</h3>
          Lorem ipsum dolor sit amet, consectetur adipiscing elit.
        </div>
      </ion-col>
    </ion-row>
</ion-grid>
```

Con el ejemplo anterior obtendremos el siguiente resultado:

text-start	text-end	text-center
Lorem ipsum dolor sit amet, consectetur adipiscing elit. Sed ac vehicula lorem.	Lorem ipsum dolor sit amet, consectetur adipiscing elit. Sed ac vehicula lorem.	Lorem ipsum dolor sit amet, consectetur adipiscing elit. Sed ac vehicula lorem.

text-justify	text-wrap	text-nowrap
Lorem ipsum dolor sit amet, consectetur adipiscing elit. Sed ac vehicula lorem.	Lorem ipsum dolor sit amet, consectetur adipiscing elit. Sed ac vehicula lorem.	Lorem ipsum dolor sit amet, consectetur adipiscing elit.

Transformación de texto

clase	Regla de estilo	Descripción
ion-text-uppercase	**text-transform: uppercase**	Obliga a todos los caracteres a convertirse en mayúsculas.
ion-text-lowercase	**text-transform: lowercase**	Obliga a todos los caracteres a convertirse en minúsculas.
ion-text-capitalize	**text-transform: capitalize**	Obliga a convertir la primera letra de cada palabra en mayúscula.

Ejemplos de uso:

```
<ion-grid>
  <ion-row>
    <ion-col>
      <div class="ion-text-uppercase">
        <h3>text-uppercase</h3>
        Lorem ipsum dolor sit amet, consectetur adipiscing elit. Sed ac
vehicula lorem.
      </div>
    </ion-col>
    <ion-col>
      <div class="ion-text-lowercase">
        <h3>text-lowercase</h3>
        Lorem ipsum dolor sit amet, consectetur adipiscing elit. Sed ac
vehicula lorem.
      </div>
    </ion-col>
    <ion-col>
      <div class="ion-text-capitalize">
        <h3>text-capitalize</h3>
```

```
        Lorem ipsum dolor sit amet, consectetur adipiscing elit. Sed ac
vehicula lorem.
        </div>
    </ion-col>
  </ion-row>
</ion-grid>
```

Con el ejemplo anterior obtendremos el siguiente resultado:

TEXT-UPPERCASE	text-lowercase	Text-Capitalize
LOREM IPSUM DOLOR SIT AMET, CONSECTETUR ADIPISCING ELIT. SED AC VEHICULA LOREM.	lorem ipsum dolor sit amet, consectetur adipiscing elit. sed ac vehicula lorem.	Lorem Ipsum Dolor Sit Amet, Consectetur Adipiscing Elit. Sed Ac Vehicula Lorem.

Atributos de Texto según tamaño de pantalla

Todos los atributos de texto enumerados anteriormente tienen atributos adicionales para modificar el texto en función del tamaño de la pantalla. En lugar de **ion-text-** en cada clase, podemos utilizar **ion-text-{tipo_pantalla}-** , esto hará que solo se aplique al tamaño de pantalla especificado. En la siguiente tabla podemos ver los tipos de pantalla que existen:

Clase	Descripción
ion-text-{modificador}	Aplica el modificador al elemento en todos los tamaños de pantalla.
ion-text-sm-{modificador}	Aplica el modificador al elemento cuando **min-width: 576px.**
ion-text-md-{modificador}	Aplica el modificador al elemento cuando **min-width: 768px.**
ion-text-lg-{modificador}	Aplica el modificador al elemento cuando **min-width: 992px.**
ion-text-xl-{modificador}	Aplica el modificador al elemento cuando **min-width: 1200px.**

Emplazamiento de elementos

Elementos float

La propiedad CSS float especifica que un elemento debe colocarse en el lado izquierdo o derecho de su contenedor, donde texto y elementos inline se colocarán alrededor de él.

Por lo tanto si en una etiqueta ponemos la clase **ion-float-left** será lo mismo que mediante css darle la regla de estilo **float:left**:

Clase	Regla de estilo	Descripción
ion-float-left	**float: left**	El elemento flotará en el lado izquierdo de su bloque que contiene.
ion-float-right	**float: right**	El elemento flotará en el lado derecho de su bloque que contiene.
ion-float-start	**float: left | float: right**	Igual que **ion-float-left** si la dirección es de izquierda a derecha y **ion-float-right** si la dirección es de derecha a izquierda.
ion-float-end	**float: left | float: right**	Igual que **ion-float-right** si la dirección es de izquierda a derecha y **ion-float-left** si la dirección es de derecha a izquierda.

Ejemplos de uso:

```
<ion-grid>
  <ion-row>
    <ion-col class="ion-float-left">
      <div>
        <h3>float-left</h3>
        Lorem ipsum dolor sit amet, consectetur adipiscing elit. Sed ac
vehicula lorem.
      </div>
    </ion-col>
    <ion-col class="ion-float-right">
```

```
    <div>
        <h3>float-right</h3>
        Lorem ipsum dolor sit amet, consectetur adipiscing elit. Sed ac
vehicula lorem.
    </div>
    </ion-col>
  </ion-row>
</ion-grid>
```

Resultado:

float-left

Lorem ipsum dolor sit amet, consectetur
adipiscing elit. Sed ac vehicula lorem.

float-right

Lorem ipsum dolor sit amet, consectetur
adipiscing elit. Sed ac vehicula lorem.

Elementos Flotantes según tamaño de pantalla

Al igual que en los modificadores de texto podemos hacer que se aplique un
modificador float en función del tamaño de pantalla:

Clase	Descripción
ion-float-{modificador}	Aplica el modificador al elemento en todos los tamaños de pantalla.
ion-float-sm-{modificador}	Aplica el modificador al elemento cuando **min-width: 576px**.
ion-float-md-{modificador}	Aplica el modificador al elemento cuando **min-width: 768px**.
ion-float-lg-{modificador}	Aplica el modificador al elemento cuando **min-width: 992px**.
ion-float-xl-{modificador}	Aplica el modificador al elemento cuando **min-width: 1200px**.

Visualización de elementos

La propiedad display de CSS determina si un elemento debe ser visible o no. El elemento todavía estará en el DOM, pero no se renderiza si la propiedad display es hidden.

Clase	Regla de estilo	Descripción
ion-hide	**display:none**	El elemento estará oculto.

Ejemplo:

```
<ion-grid>
  <ion-row>
    <ion-col class="ion-hide">
      <div>
        <h3>hidden</h3>
        ¡No puedes verme!.
      </div>
    </ion-col>
    <ion-col>
      <div>
        <h3>not-hidden</h3>
        ¡Puedes verme!
      </div>
    </ion-col>
  </ion-row>
</ion-grid>
```

Visualización u ocultación de elementos en función del tamaño de la pantalla

Podemos hacer que un elemento se muestre o no en función del tamaño de la pantalla. Podemos especificar en qué tamaño de pantalla se debe ocultar o por debajo o por encima de que tamaño se debe ocultar utilizando **ion-hide-{breakpoint}-{dir}** donde brakpoint es el tamaño de pantalla (sm,md,lg,xl) y dir será **up** para tamaños superiores o **down** para tamaños inferiores.

Clase	Descripción
.ion-hide-sm-{dir}	Se aplica al elemento cuando **min-width: 576px** (up) o **max-width: 576px** (down).
.ion-hide-md-{dir}	Se aplica al elemento cuando **min-width: 768px** (up) o **max-width: 768px** (down).
.ion-hide-lg-{dir}	Se aplica al elemento cuando **min-width: 992px** (up) o **max-width: 992px** (down).
.ion-hide-xl-{dir}	Se aplica al elemento cuando **min-width: 1200px** (up) o **max-width: 1200px** (down).

Espaciado del contenido

Padding

El atributo padding establece el área de relleno de un elemento. El área de relleno es el espacio entre el contenido del elemento y su borde.
La variable padding por defecto es establecida por la variable --ion-padding a 16px.

Clase	Regla de estilo	Descripción
ion-padding	**padding: 16px**	Aplica el relleno a todos los lados.
ion-padding-top	**padding-top: 16px**	Aplica el relleno a la parte superior.
ion-padding-start	**padding-start: 16px**	Aplica el relleno al inicio.
ion-padding-end	**padding-end: 16px**	Aplica el relleno al final.
ion-padding-bottom	**padding-bottom: 16px**	Aplica el relleno a la parte inferior.
ion-padding-vertical	**padding: 16px 0**	Aplica el relleno a la parte superior y la parte inferior..
ion-padding-horizontal	**padding: 0 16px**	Aplica el relleno a la izquierda ya la derecha.
ion-no-padding	**padding: 0**	No aplica ningún relleno a todos los lados.

Ejemplos de uso:

```
<ion-grid>
  <ion-row>
    <ion-col class="ion-padding">
      <div>
        padding
```

```
        </div>
      </ion-col>
      <ion-col class="ion-padding-top">
        <div>
          padding-top
        </div>
      </ion-col>
      <ion-col class="ion-padding-start">
        <div>
          padding-start
        </div>
      </ion-col>
      <ion-col class="ion-padding-end">
        <div>
          padding-end
        </div>
      </ion-col>
  </ion-row>
  <ion-row>
      <ion-col class="ion-padding-bottom">
        <div>
          padding-bottom
        </div>
      </ion-col>
      <ion-col class="ion-padding-vertical">
        <div>
          padding-vertical
        </div>
      </ion-col>
      <ion-col class="ion-padding-horizontal">
        <div>
          padding-horizontal
        </div>
```

```
    </ion-col>
    <ion-col class="ion-no-padding">
      <div>
        no-padding
      </div>
    </ion-col>
  </ion-row>
</ion-grid>
```

Resultado del ejemplo anterior:

padding	padding-top	padding-start
padding-end		

padding-bottom	padding-vertical	padding-horizontal	no-padding

Margin

El atributo margin crea un espacio alrededor del elemento para separarlo de los elementos que le rodean.

La variable margin por defecto es establecida por la variable **--ion-margin** a 16px.

Clase	Regla de estilo	Descripción
ion-margin	**margin: 16px**	Aplica el margen a todos los lados.
ion-margin-top	**margin-top: 16px**	Aplica margen a la parte superior.
ion-margin-left	**margin-left: 16px**	Aplica margen a la izquierda.
ion-margin-right	**margin-right: 16px**	Aplica margen a la derecha.
ion-margin-bottom	**margin-botto m: 16px**	Aplica el margen al fondo.
ion-margin-vertical	**margin: 16px 0**	Aplica margen a la parte superior y al botttom.
ion-margin-horizontal	**margin: 0 16px**	Aplica margen a la izquierda ya la derecha.
ion-no-margin	**margin: 0**	No aplica margen a todos los lados.

Ejemplos de uso:

```
<ion-grid>
  <ion-row>
    <ion-col class="ion-margin">
      <div>
        margin
      </div>
```

```
    </ion-col>
    <ion-col class="ion-margin-top">
      <div>
        margin-top
      </div>
    </ion-col>
    <ion-col class="ion-margin-start">
      <div>
        margin-start
      </div>
    </ion-col>
    <ion-col class="ion-margin-end">
      <div>
        margin-end
      </div>
    </ion-col>
  </ion-row>
  <ion-row>
    <ion-col class="ion-margin-bottom">
      <div>
        margin-bottom
      </div>
    </ion-col>
    <ion-col class="ion-margin-vertical">
      <div>
        margin-vertical
      </div>
    </ion-col>
    <ion-col class="ion-margin-horizontal">
      <div>
        margin-horizontal
      </div>
    </ion-col>
```

```
    <ion-col class="ion-no-margin">
      <div>
        no-margin
      </div>
    </ion-col>
  </ion-row>
</ion-grid>
```

Resultado del ejemplo anterior:

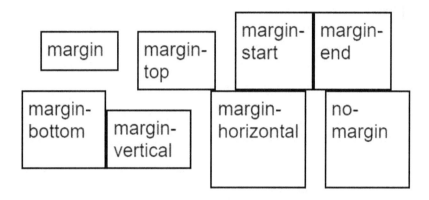

Propiedades de contenedor flexible

Clase	Regla de estilo	Descripción
.ion-justify-content-start	justify-content: flex-start	Los elementos se sitúan al inicio en el eje principal.
.ion-justify-content-end	justify-content: flex-end	Los elementos se sitúan al final en el eje principal..

.ion-justify-content-center	justify-content: center	Los elementos se centran en el eje principal.
.ion-justify-content-around	justify-content: space-around	Los elementos se distribuyen uniformemente en el eje principal con igual espacio a su alrededor.
.ion-justify-content-between	justify-content: space-between	Los elementos se distribuyen uniformemente en el eje principal.
.ion-justify-content-evenly	justify-content: space-evenly	Los elementos se distribuyen de manera que el espacio entre dos elementos sea igual.
.ion-align-items-start	align-items: flex-start	Los elementos se sitúan al inicio en el eje transversal.
.ion-align-items-end	align-items: flex-end	Los elementos se sitúan al inicio en el eje transversal.
.ion-align-items-center	align-items: center	Los elementos se centran a lo largo del eje transversal.

.ion-align-items-baseline	align-items: baseline	Los elementosse alinean sobre sus líneas de base.
.ion-align-items-stretch	align-items: stretch	Los artículos se estiran para llenar el contenedor.
.ion-nowrap	flex-wrap: nowrap	Todos los elementos estarán en una línea.
.ion-wrap	flex-wrap: wrap	Los elementos se ajustarán en varias líneas, de arriba a abajo.
.ion-wrap-reverse	flex-wrap: wrap-reverse	Los elementos se ajustarán en varias líneas, de abajo hacia arriba.

Para conocer más sobre los atributos predefinidos de ionic puedes consultar la documentación oficial:

https://ionicframework.com/docs/layout/css-utilities

Navegación

Hasta ahora hemos creado una app simple, un minijuego de adivinar números que nos sirvió para aprender cómo se programa la lógica de una página en Ionic.

Vimos como pasar variables entre el controlador de la página y la vista y cómo llamar a funciones desde un evento de la vista como pulsar un botón.

La aplicación era extremadamente sencilla y toda la lógica se desarrollaba en la misma página, sin embargo lo normal en cualquier aplicación que sea mínimamente completa es que tenga varias vistas o páginas y haya que navegar entre ellas.

Vamos a crear un nuevo proyecto de prueba para observar cómo funciona la navegación entre páginas en ionic.

Nos situamos en la carpeta donde queramos crear nuestro proyecto y desde consola escribimos el siguiente comando:

```
ionic start navegacion blank
```

Seleccionamos Angular como framework, le decimos que no queremos integrar el proyecto con Capacitor y esperamos a que se genere el proyecto.
Después nos situamos dentro de la carpeta del proyecto que acabamos de crear:

```
cd navegacion
```

Ahora vamos a crear una nueva página para poder navegar entre dos páginas, pero antes de seguir vamos a conocer Ionic Generator, una herramienta de nos ofrece Ionic para crear componentes automáticamente.

Ionic Generator

Nosotros podemos crear las páginas a mano creando una carpeta para nuestra página con su vista html y su controlador .ts, y su archivo de estilo .scss, también podemos crear y configurar otros elementos a mano, pero el cli (command line interface o interfaz de línea de comandos) de ionic nos facilita muchísimo el trabajo. Ionic dispone de una herramienta llamada **ionic generator**.

Ionic generator nos permite generar plantillas con los componentes que queramos.

Con el siguiente comando obtenemos la lista de elementos disponible que podemos generar con ionic generator:

```
ionic g
```

La lista de elementos que podemos generar automáticamente con ionic generator son:

- **page**: Páginas.
- **component**: Los componentes son un conjunto de html, con su css y su comportamiento que podemos reutilizar en cualquier lugar sin tener que reescribir de nuevo todo.
- **service**: Los services son proveedores que se encargan del manejo de datos, bien extraídos de la base de datos, desde una api, etc. En versiones anterioes a la 4 de ionic se llamaban providers.
- **module**: Nos permite crear un módulo.
- **class**: Nos permite crear una clase.
- **directive**: Una directiva sirve para modificar atributos de un elemento.
- **guard**: Genera un "guardián" que nos permite crear una protección para permitir que los componentes solo se activen si se cumple alguna condición, como por ejemplo si el usuario está logueado.
- **pipe**: Los pipes nos permiten crear filtros para aplicar a la información que mostramos en la plantilla, por ejemplo podemos aplicar un filtro que convierta un texto en mayúsculas.
- **interface**: Nos permite crear una interfaz.
- **enum**: genera una enumeración.

Veremos con más detalle cada elemento según lo vayamos necesitando, para este ejemplo de momento nos interesa **page** así que con las flechas del cursor seleccionamos **page** y pulsamos enter, después nos pregunta el nombre que queremos darle a la página, le llamamos por ejemplo **Pagina2** y pulsamos enter.

También podríamos haber creado la página directamente escribiendo:

```
ionic g page Pagina2
```

Está es la manera que utilizaremos a partir de ahora para crear páginas.

Podemos observar que en la carpeta app se ha creado una nueva carpeta llamada **pagina2**:

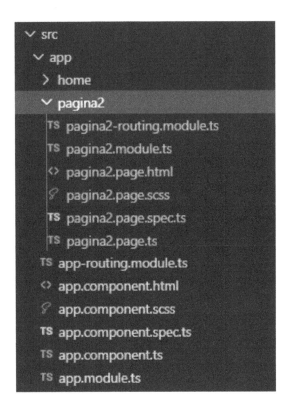

Vemos que al crear una página con **ionic generator** además del archivo *pagina2.page.ts* también se genera un archivo *pagina2.module.ts* y otro *pagina2-routing.module.ts* en cada página generada, este archivo se utiliza para poder realizar lo que se conoce como **Lazy Loading**, que permite cargar páginas y recursos bajo demanda acelerando así la carga de las páginas.

En versiones anteriores a ionic 4, utilizabamos algo parecido a esto para navegar hacia una página:

```
this.navCtrl.push('miPagina');
```

Aunque todavía se puede utilizar este sistema lo recomendable es utilizar el routing de angular basado en diferentes URL para cada página o componente a mostrar.

Si echamos un vistazo al archivo **app-routing.module.ts** vemos que contiene lo siguiente:

```typescript
import { NgModule } from '@angular/core';
import { PreloadAllModules, RouterModule, Routes } from '@angular/router';

const routes: Routes = [
  { path: '', redirectTo: 'home', pathMatch: 'full' },
  { path: 'home', loadChildren: () => import('./home/home.module').then( m =>
m.HomePageModule)},
  {
    path: 'pagina2',
    loadChildren: () => import('./pagina2/pagina2.module').then( m =>
m.Pagina2PageModule)
  },
];

@NgModule({
  imports: [
    RouterModule.forRoot(routes, { preloadingStrategy: PreloadAllModules })
  ],
  exports: [RouterModule]
})
export class AppRoutingModule { }
```

Cómo podemos observar contiene una constante llamada Routes donde se han generado automáticamente las rutas a nuestras dos páginas **home** y **Pagina2**.

El primer path que se define está vacío y redirecciona a home, esto indica que home será la página por defecto cuando no se especifique ninguna ruta.

Vemos también que la ruta que se especifica en **loadChildren** de las dos páginas no apunta a componente de la página si no a su módulo, de esta manera se definen las rutas para hacer lazy loading.

Vamos a ver a continuación las diferentes opciones que tenemos para navegar entre páginas.

Navegar entre páginas utilizando routerLink en la plantilla html

Podemos utilizar routerLink directamente para indicar la ruta de la página que queremos mostrar.

Vamos a editar **home.page.html**, eliminamos el contenido que se genera por defecto y vamos a crear una página sencilla con un botón para ir a la página 2.

```
<ion-header [translucent]="true">
  <ion-toolbar>
    <ion-title>
      Blank
    </ion-title>
  </ion-toolbar>
</ion-header>


<ion-content [fullscreen]="true">
  <ion-button routerLink="/pagina2" routerDirection="forward">Ir a la página
2</ion-button>
</ion-content>
```

Ahora vamos a editar **pagina2.page.html** y lo dejamos de la siguiente manera:

```html
<ion-header>
 <ion-toolbar>
   <ion-title>Pagina2</ion-title>
 </ion-toolbar>
</ion-header>

<ion-content>
  <div class="ion-padding">
    <p>Soy la página 2</p>
    <ion-button routerLink="/home" routerDirection="back">Volver a
home</ion-button>
  </div>
</ion-content>
```

Aunque no es obligatorio podemos utilizar como en el ejemplo el parámetro
routerDirection para indicar la dirección de la animación. Los valores posibles son
tres: **fordward**, **back** y **root**, puedes hacer pruebas cambiando el valor de
routerDirection para que entiendas mejor qué hace cada uno.

Vemos que simplemente poniendo la ruta de la página dentro de href podemos navegar
entre dos páginas, si ejecutamos **ionic serve -l** veremos algo como esto:

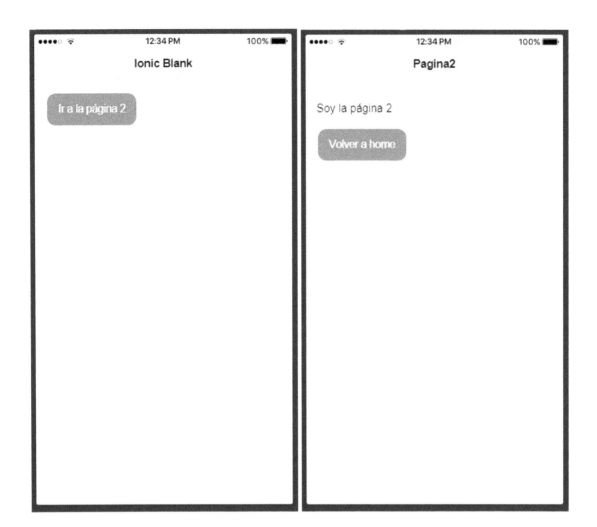

Navegar entre páginas programáticamente

Si bien podemos navegar entre las distintas páginas de nuestra aplicación utilizando href en un botón o en un ítem de nuestra plantilla html, a veces necesitaremos que se muestre una página desde la lógica del controlador.

Lo primero que vamos a hacer es modificar el botón de la página **home.page.html**, en lugar de la propiedad **href** le vamos a asignar un evento **(click)** que llame a una función del controlador que vamos a llamar **goToPagina2**:

```html
<ion-content [fullscreen]="true">
  <ion-button (click)="goToPagina2()">Ir a la página 2</ion-button>
</ion-content>
```

Ahora vamos a editar **home.page.ts** para crear esta función que nos permita navegar hasta la página 2.
Aunque podríamos importar y utilizar el Router de angular con el método navigateByUrl, este método no nos permite definir la dirección de la navegación, por lo que es mejor utilizar **NavController**.

Lo primero que debemos hacer es importar NavController:

```typescript
import { NavController } from '@ionic/angular';
```

Ahora debemos inyectarlo en el constructor:

```typescript
constructor(private navCtrl: NavController){

}
```

Al inyectar un elemento en el constructor nos permite acceder a sus métodos desde cualquier sitio de la página.

Para finalizar vamos a crear la función **goToPagina2** a la que hacíamos referencia desde el botón de la plantilla:

```
goToPagina2(){
   this.navCtrl.navigateForward('/pagina2');
 }
```

Tenemos tres métodos que podemos utilizar para navegar según la dirección al igual que lo hacíamos cuando hemos utilizado href, estos tres métodos son: **navigateForward**, **navigateBack** y **navigateRoot.**

Una vez más te animo a que experimentes con ellos para que entiendas mejor lo que hace cada uno.

El código completo de **home.page.ts** quedaría de la siguiente manera:

```
import { Component } from '@angular/core';
import { NavController } from '@ionic/angular';


@Component({
 selector: 'app-home',
 templateUrl: 'home.page.html',
 styleUrls: ['home.page.scss'],
})
export class HomePage {

 constructor(private navCtrl: NavController){


 }
 goToPagina2(){
   this.navCtrl.navigateForward('/Pagina2');
 }


}
```

Volver a la página anterior

Para volver a la página anterior podemos utilizar el componente **ion-back-button** en nuestra plantilla, lo podemos utilizar para poner el típico botón de volver en la cabecera. Para probarlo vamos a editar el archivo **pagina2.page.html** y vamos a añadir lo siguiente en la cabecera:

```
<ion-header>
 <ion-toolbar>
   <ion-title>Pagina2</ion-title>
   <ion-buttons slot="start">
     <ion-back-button defaultHref="/home"></ion-back-button>
   </ion-buttons>
 </ion-toolbar>
</ion-header>

<ion-content>
  <div class="ion-padding">
    <p>Soy la página 2</p>
    <ion-button routerLink="/home" routerDirection="back">Volver a
home</ion-button>
  </div>
</ion-content>
```

Podemos observar que hemos puesto una propiedad llamada **defaultHref**, con esto le estamos indicando que la ruta por defecto sea /home. Al pulsar este botón vamos a navegar hacia atrás a la página anterior en el historial, si por algún motivo no encontrase la página anterior por defecto cargaría home.
En este caso como solo tenemos dos páginas coincide que la página anterior siempre va a ser home.
Por otro lado hemos creado el elemento **ion-back-button** dentro del contenedor **ion-buttons**, esto nos sirve para contener botones. Podemos observar que **ion-buttons** tiene un atributo llamado **slot** al que hemos asignado el valor **start**. Con esto le indicamos que los botones que contenga se van a mostrar al inicio, es decir a la izquierda.
El atributo **slot** indica para indicar la posición o el estilo que van a tener los elementos.

Existen diferentes valores que podemos utilizar con slot, como por ejemplo: item-left, end, start, icon-left, range-left, range-right, icon-only, etc, dependiendo del componente puede aceptar o no diferentes tipos de slot por lo deberemos revisar la documentación del componente para ver qué posibilidades nos ofrece.

Como podemos ver si ejecutamos ionic serve **ion-back-button** nos ha creado un botón de volver atrás en la cabecera:

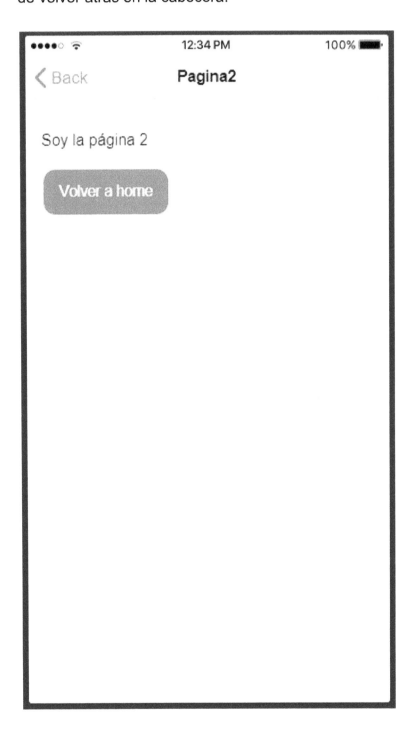

Pasando datos entre páginas

Muchas veces nos interesa pasar datos al llamar a una página.
Por ejemplo podemos tener un listado de productos y al pulsar en un producto
queremos llamar a una página donde se muestre el detalle de ese producto.

Al utilizar el router de Angular debemos pasar los datos que necesitemos en la url.
Aunque podríamos pasar toda la información del producto en la propia url convertido en
json no es lo más práctico, lo más usual es pasar el id del producto y con el id utilizar
un servicio para obtener los datos relacionados con el producto seleccionado.
Aprenderemos más adelante a crear y utilizar servicios, de momento vamos a ver cómo
podemos pasar un id a la página a la que llamamos.

Vamos a seguir haciendo pruebas con el proyecto navegación, lo primero que vamos a
hacer es editar el archivo **app-routing.module.ts** que es el archivo donde de definen
las rutas de nuestras páginas.
Al crear una página con ionic generator ya se crea automáticamente la ruta en
app-routing.module.ts , sin embargo para poder añadir datos a la url debemos
especificar el nombre del dato que vamos a enviar, en este ejemplo queremos mandar
un dato llamado id así que debemos añadir **/:id** a la ruta de la página 2:

```
import { NgModule } from '@angular/core';
import { PreloadAllModules, RouterModule, Routes } from '@angular/router';


const routes: Routes = [
 { path: '', redirectTo: 'home', pathMatch: 'full' },
 { path: 'home', loadChildren: () => import('./home/home.module').then( m =>
m.HomePageModule)},
 {
   path: 'pagina2/:id',
   loadChildren: () => import('./pagina2/pagina2.module').then( m =>
m.Pagina2PageModule)
 },
];
```

```
@NgModule({
  imports: [
    RouterModule.forRoot(routes, { preloadingStrategy: PreloadAllModules })
  ],
  exports: [RouterModule]
})
export class AppRoutingModule { }
```

Como podemos observar hemos hemos definido la el path de la ruta de la Pagina2 como: `pagina2/:id` añadiendo /:id por detrás, así después podremos hacer referencia a id desde la página 2.

Ahora vamos a pasarle por ejemplo el id 14 cuando llamamos a la página 2 desde la página Home, para ello editamos el archivo **home.page.ts** y modificamos la función **goToPagina2()** añadiendo el número 14 a la url:

```
goToPagina2(){
    this.navCtrl.navigateForward('/pagina2/14');
}
```

Por último vamos a ver cómo obtenemos el id en Pagina2, editamos el archivo **pagina2.page.ts** y lo primero que necesitamos hacer es importar **ActivatedRoute** para poder obtener los parámetros recibidos en la url:

```
import { ActivatedRoute } from '@angular/router';
```

Ahora debemos inyectarlo en el constructor:

```
constructor(private route: ActivatedRoute) { }
```

Finalmente en la función **ngOnInit** que se ejecuta al iniciar la página recogemos el id y simplemente lo vamos a mostrar a través de un alert:

```
ngOnInit() {
```

```
    let id = this.route.snapshot.paramMap.get('id');
    alert(id);
  }
```

Para recoger el id utilizamos `this.route.snapshot.paramMap.get('id')`.

El código completo de **pagina2.page.ts** por lo tanto quedaría de la siguiente manera:

```typescript
import { Component, OnInit } from '@angular/core';
import { ActivatedRoute } from '@angular/router';


@Component({
  selector: 'app-pagina2',
  templateUrl: './pagina2.page.html',
  styleUrls: ['./pagina2.page.scss'],
})
export class Pagina2Page implements OnInit {

  constructor(private route: ActivatedRoute) { }

  ngOnInit() {
    let id = this.route.snapshot.paramMap.get('id');
    alert(id);
  }

}
```

Si corremos la aplicación con ionic serve veremos que al pasar a la página 2 saca un alert con el número 14.
A lo largo de este libro veremos más ejemplos prácticos de cómo pasar datos entre páginas.

Puedes descargar o clonar este proyecto desde GitHub en el siguiente link:https://github.com/edurevilla/libro-ionic-5-navegacion

Menú lateral

Podemos crear un proyecto de ionic utilizando la plantilla **sidemenu** y ya nos crearía la estructura de una aplicación con un menú lateral y dos páginas de ejemplo.

Sin embargo, para entender mejor cómo funciona vamos a crear un proyecto con la plantilla blank y vamos a añadir nosotros los componentes necesarios para generar un menú lateral.

Lo primero que vamos ha hacer es crear un nuevo proyecto:

```
ionic start menu blank
```

Seleccionamos Angular y le podemos decir que no queremos integrar Capacitor, para este ejemplo no lo necesitamos.

Bien, una vez se haya generado el proyecto nos situamos desde la consola dentro de la carpeta menú que se acaba de crear.

Como por defecto ya nos crea la página home, vamos a crear otra página que se llame listado:

```
ionic g page listado
```

La idea es tener dos opciones en el menú, una que nos lleve a la página de inicio (home) y otra que nos lleve a una segunda página, en este caso la página listado que acabamos de crear.

La plantilla principal de nuestra aplicación, la que se va a cargar siempre al inicio se encuentra en el archivo **app.component.html.**

Si echamos un vistazo al contenido de **app.component.html** vemos que contiene lo siguiente:

```
<ion-app>
 <ion-router-outlet></ion-router-outlet>
</ion-app>
```

Dentro de **ion-router-outlet** se carga el contenido de la página que esté activa en ese momento, es decir la que indique la ruta actual.

Aquí vamos a añadir el menú, que dependiendo de la opción seleccionada cambiará la ruta para mostrar dentro de **ion-router-oulet** la página que hayamos seleccionado. Editamos **app.component.html** y añadimos el siguiente código:

```html
<ion-app>
  <ion-split-pane contentId="main-content">
    <ion-menu contentId="main-content">
      <ion-header>
        <ion-toolbar>
          <ion-title>Menu</ion-title>
        </ion-toolbar>
      </ion-header>
      <ion-content>
        <ion-list>
          <ion-menu-toggle auto-hide="false">
            <ion-item [routerDirection]="'root'" [routerLink]="'/listado'">
              <ion-icon slot="start" [name]="'list'"></ion-icon>
              <ion-label>
                Listado
              </ion-label>
            </ion-item>
            <ion-item [routerDirection]="'root'" [routerLink]="'/home'">
              <ion-icon slot="start" [name]="'home'"></ion-icon>
              <ion-label>
                Inicio
              </ion-label>
            </ion-item>
          </ion-menu-toggle>
        </ion-list>
      </ion-content>
    </ion-menu>
    <ion-router-outlet id="main-content"></ion-router-outlet>
  </ion-split-pane>
```

```
</ion-app>
```

Lo primero que hacemos es envolver todo en una etiqueta **ion-split-pane**, esto permite adaptarse a pantallas más grandes (como tabletas) y muestra el menú justo al lado de su contenido. Le asignamos la propiedad **contentId="main-content"** que serà el id que le vamos a asignar a la etiqueta **ion-router-outlet** donde irá el contenido de la aplicación.

Después tenemos **ion-menu** que es el componente que contiene el menú y al que asignaremos tambien el parámetro **contentId="main-content"**, dentro del mismo añadimos su contenido igual que si sería una página, hemos añadido un **ion-header** con un toolbar y dentro el título del menú.
Después tenemos un **ion-content** y dentro hemos creado un listado con dos items con las opciones del menú.
Como vimos en el anterior capítulo **routerDirection** sirve para indicar la dirección de la animación.

En el parámetro **routerLink** de cada item definimos la ruta que tenemos que cargar al pulsar en el.
Observa que la ruta está entre comillas simples dentro de las comillas dobles, esto es para que lo tome como un literal en lugar de una variable.
También podríamos definir una variable con un array de opciones con sus rutas y hacer un bucle para mostrar las opciones, pero para simplificar hemos creado las dos opciones a mano directamente.

Si ejecutamos la aplicación en un navegador de escritorio con **ionic serve** se mostrará el menú siempre visible a la izquierda del contenido, sin embargo si ejecutamos ahora la aplicación con **ionic serve -l** a tamaño móvil no veremos nada especial, solo la página home, para poder ver el menú tenemos que crear un botón para hacer que se muestre el menú. Para ello vamos a modificar el archivo **home.page.html** y añadimos un botón especial llamado **ion-menu-button** que se encarga de abrir y cerrar el menú, de paso vamos a eliminar todo lo que hay dentro de ion-content y a añadir un texto en el contenido para indicar que es la página de inicio:

```
<ion-header>
  <ion-toolbar>
    <ion-buttons slot="start">
      <ion-menu-button></ion-menu-button>
```

```
    </ion-buttons>
      <ion-title>
        Ionic Blank
      </ion-title>
    </ion-toolbar>
</ion-header>


<ion-content>
  <div class="ion-padding">
      <p>Yo soy la página de inicio</p>
  </div>
</ion-content>
```

Para finalizar vamos a modificar también la plantilla de la página listado para añadir a la cabecera el botón del menú y de paso añadimos un pequeño listado en el contenido para que haga honor a su nombre, editamos el archivo **listado.page.html** y añadimos lo siguiente:

```
<ion-header>
  <ion-toolbar>
      <ion-buttons slot="start">
          <ion-menu-button></ion-menu-button>
      </ion-buttons>
    <ion-title>listado</ion-title>
  </ion-toolbar>
</ion-header>


<ion-content>
    <ion-list>
      <ion-item>
          <ion-label>
            Item 1 del listado
          </ion-label>
      </ion-item>
```

```
        <ion-item>
            <ion-label>
                Item 2 del listado
            </ion-label>
        </ion-item>
        <ion-item>
            <ion-label>
                Item 2 del listado
            </ion-label>
        </ion-item>
        <ion-item>
            <ion-label>
                Item 3 del listado
            </ion-label>
        </ion-item>
    </ion-list>
</ion-content>
```

Ahora si ejecutamos ionic serve -l veremos nuestro menú en acción:

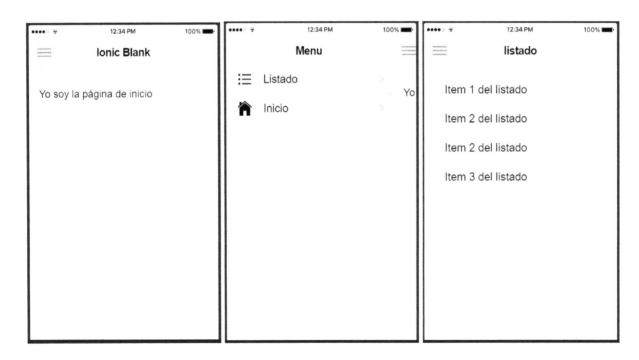

Puedes descargar o clonar este proyecto desde GitHub en el siguiente link:

https://github.com/edurevilla/libro-ionic-5-menu.git

Navegación por Tabs

Vamos a aprender cómo se genera una aplicación con varias páginas en forma de tabs o *pestañas* y veremos cómo podemos navegar entre ellas, para ello vamos a crear un nuevo proyecto de ejemplo.
Vamos a utilizar la plantilla tabs para crear nuestra aplicación lo que nos generará un proyecto con una estructura ya creada para utilizar tabs.

Desde la consola de comandos o terminal escribimos:

```
ionic start ejemploTabs tabs
```

Como siempre elegimos Angular como framework y a la pregunta "Integrate your new app with Capacitor to target native iOS and Android?" respondemos que **No**.

Al crear nuestra aplicación con la plantilla tabs nos genera por defecto tres tabs.
Nos situamos como siempre dentro de la carpeta del proyecto que acabamos de crear desde la consola, si ejecutamos el comando **ionic serve -l** podemos ver algo como esto:

Recuerda que al ejecutar ionic serve con el parámetro -l te preguntará si quieres instalar @ionic/lab.

También puedes comprobar como quedaría en un dispositivo móvil sin necesidad de instalar @ionic/lab, utilizando el inspector de Chrome (boton derecho en cualquier parte de la página y seleccionando inspeccionar), y seleccionando la vista móvil en el panel:

Veamos ahora el código que se ha generado al iniciar el proyecto:

Lo primero que podemos observar es que que se han generado 5 carpetas dentro de **src/app**, una carpeta llamada **explorer-container** que contiene un componente que se va a utilizar en las páginas de los tabs, veremos que son los componentes y cómo se crean más adelante, después una por cada tab (**tab1,tab2,y tab3**) y por último otra llamada **tabs**:

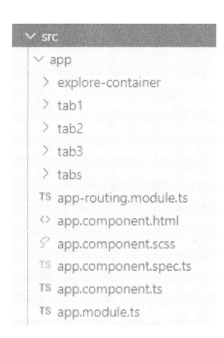

tab1, **tab2** y **tab3** son páginas normales como las que ya conocemos que simplemente contienen lo que queramos que se muestre en cada pestaña.

La página **tabs** es la página maestra donde vamos a mostrar los tabs con los iconos y controlar la ruta para que se muestre el contenido de la página correspondiente al tab activo.

Si vemos el contenido de la carpeta **tabs** podemos observar que contiene los archivos típicos de cualquier página en ionic, pero además contiene otro archivo llamado **tabs.router.module.ts** que es módulo donde se define las ruta de cada tab:

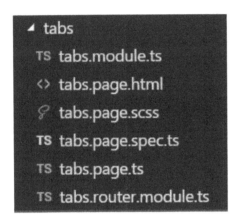

Vamos antes de nada a ver como es el html para crear los tabs con sus correspondientes iconos, si abrimos en el editor el archivo **tabs.page.html** vemos que contiene el siguiente código:

```html
<ion-tabs>

  <ion-tab-bar slot="bottom">
    <ion-tab-button tab="tab1">
      <ion-icon name="triangle"></ion-icon>
      <ion-label>Tab 1</ion-label>
    </ion-tab-button>

    <ion-tab-button tab="tab2">
      <ion-icon name="ellipse"></ion-icon>
      <ion-label>Tab 2</ion-label>
    </ion-tab-button>

    <ion-tab-button tab="tab3">
      <ion-icon name="square"></ion-icon>
      <ion-label>Tab 3</ion-label>
```

```
        </ion-tab-button>
      </ion-tab-bar>


</ion-tabs>
```

Es bastante intuitivo, tenemos la etiqueta **ion-tabs** que es el contenedor general para los tabs.

Después tenemos el componente **ion-tab-bar** donde definimos la barra donde se va a mostrar los iconos de los tabs, vemos que además tiene el atributo **slot="bottom"**, con este atributo le estamos indicando que la barra se tiene que mostrar en la parte inferior de la pantalla.
Si queremos que los tabs se muestren en la parte superior deberemos cambiar **slot="bottom"** por **slot="top"**.

Por último definimos el botón de cada tab con el componente **ion-tab-button** que como vemos lleva el atributo **tab="tab1"** donde le indicamos el nombre del tab que se debe activar al pulsar sobre él, este nombre es importante para posteriormente indicar en las rutas.
Dentro cada tab contiene un **ion-icon** donde indicamos que icono se debe mostrar con el atributo **name**, y un **ion-label** con el texto que queremos que se muestre en cada pestaña.

Si solo queremos que se muestre el icono sin ningún texto solo tenemos que eliminar la etiqueta **ion-label**.

El listado de iconos disponibles lo podéis consultar el la documentación oficial de ionic desde el siguiente enlace: https://ionicframework.com/docs/ionicons/

Los iconos a su vez puede tener tres estilos diferentes:

- Outline.
- Filled.
- Sharp

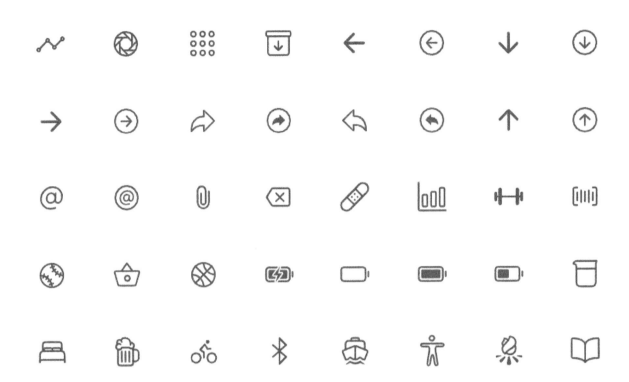

Bien, veamos ahora el contenido del archivo **tabs.routing.module.ts**:

```typescript
import { NgModule } from '@angular/core';
import { RouterModule, Routes } from '@angular/router';
import { TabsPage } from './tabs.page';

const routes: Routes = [
  {
    path: 'tabs',
    component: TabsPage,
    children: [
      {
        path: 'tab1',
        loadChildren: () => import('../tab1/tab1.module').then(m =>
m.Tab1PageModule)
      },
```

```
    {
      path: 'tab2',
      loadChildren: () => import('../tab2/tab2.module').then(m =>
m.Tab2PageModule)
    },
    {
      path: 'tab3',
      loadChildren: () => import('../tab3/tab3.module').then(m =>
m.Tab3PageModule)
    },
    {
      path: '',
      redirectTo: '/tabs/tab1',
      pathMatch: 'full'
    }
    ]
  },
  {
    path: '',
    redirectTo: '/tabs/tab1',
    pathMatch: 'full'
  }
];


@NgModule({
  imports: [RouterModule.forChild(routes)],
  exports: [RouterModule]
})
export class TabsPageRoutingModule {}
```

Lo interesante aquí es la declaración de las rutas de los tabs:

Vemos que se declara la constante **routes** y dentro indicamos que el path 'tabs' está asociado al componente **TabsPage**, y luego como "hijos" (children) están definidos cada uno de los tabs con su ruta indicada en path y a su vez en children se carga con **loadChildren** el módulo de la página a mostrar.

Puede resultar un poco engorroso, pero no debes preocuparte demasiado, el trabajo de crear las rutas ya lo hace ionic por tí, solo debes hacer algunos cambios siguiendo esta estructura si quieres añadir un nuevo tab a tu proyecto, vamos a ver como se hace a continuación.

Como el contenido que se muestra en cada tab es una página, si queremos añadir un nuevo tab a nuestro proyecto crearemos una nueva página, por lo tanto vamos a crear una nueva página llamada tab4:

```
ionic g page tab4
```

Al crear una página nueva ionic automáticamente añade la ruta de la página a **app-routing.module.ts**, en este caso no nos interesa porque la página tab4 va a depender de la página maestra **tabs** y que tiene su propio módulo para definir las rutas (tabs.router.module.ts), tal y como hemos visto, por lo tanto vamos a editar el archivo **app-routing.module.ts** y eliminamos la siguiente línea que nos ha generado:

```
import { NgModule } from '@angular/core';
import { Routes, RouterModule } from '@angular/router';

const routes: Routes = [
 { path: '', loadChildren: './tabs/tabs.module#TabsPageModule' },
 // { path: 'tab4', loadChildren: './tab4/tab4.module#Tab4PageModule' } //
debemos eliminar esta línea
];
@NgModule({
 imports: [RouterModule.forRoot(routes)],
 exports: [RouterModule]
})
export class AppRoutingModule {}
```

Ahora vamos a definir la ruta del nuevo tab en **tabs.routing.module.ts**:

```
import { NgModule } from '@angular/core';
import { RouterModule, Routes } from '@angular/router';
```

```
import { TabsPage } from './tabs.page';

const routes: Routes = [
  {
    path: 'tabs',
    component: TabsPage,
    children: [
      {
        path: 'tab1',
        loadChildren: () => import('../tab1/tab1.module').then(m =>
m.Tab1PageModule)
      },
      {
        path: 'tab2',
        loadChildren: () => import('../tab2/tab2.module').then(m =>
m.Tab2PageModule)
      },
      {
        path: 'tab3',
        loadChildren: () => import('../tab3/tab3.module').then(m =>
m.Tab3PageModule)
      },
      {
        path: 'tab4',
        loadChildren: () => import('../tab4/tab4.module').then(m =>
m.Tab4PageModule)
      },
      {
        path: '',
        redirectTo: '/tabs/tab1',
        pathMatch: 'full'
      }
    ]
  },
  {
    path: '',
```

```
    redirectTo: '/tabs/tab1',
    pathMatch: 'full'
  }
];

@NgModule({
  imports: [RouterModule.forChild(routes)],
  exports: [RouterModule]
})
export class TabsPageRoutingModule {}
```

Simplemente hemos copiado la estructura de los otros tabs para el tab4:

```
...
 {
      path: 'tab4',
      loadChildren: () => import('../tab4/tab4.module').then(m =>
m.Tab4PageModule)
 },

…
```

Ya solo nos queda modificar el html del archivo tabs.page.html para añadir el botón de la nueva pestaña:

```
<ion-tabs>

  <ion-tab-bar slot="bottom">
    <ion-tab-button tab="tab1">
      <ion-icon name="triangle"></ion-icon>
      <ion-label>Tab 1</ion-label>
    </ion-tab-button>

    <ion-tab-button tab="tab2">
      <ion-icon name="ellipse"></ion-icon>
      <ion-label>Tab 2</ion-label>
```

```
</ion-tab-button>

<ion-tab-button tab="tab3">
  <ion-icon name="cube"></ion-icon>
  <ion-label>Tab 3</ion-label>
</ion-tab-button>

<ion-tab-button tab="tab4">
  <ion-icon name="alarm"></ion-icon>
  <ion-label>Tab 4</ion-label>
</ion-tab-button>

  </ion-tab-bar>

</ion-tabs>
```

Ya tenemos en funcionamiento nuestra aplicación con los cuatro tabs:

Puedes descargar o clonar este proyecto desde GitHub en el siguiente link:

https://github.com/edurevilla/libro-ionic-5-tabs.git

Pipes

Los pipes son transformaciones que podemos aplicar a los datos antes de mostrarlos en la plantilla. Por ejemplo podemos hacer que se muestre todo el texto en mayúsculas, mostrar valores de moneda, cambiar una fecha para que se muestre en un determinado formato etc.

Vamos a crear un pequeño ejemplo para ver cómo debemos implementar un pipe. En este ejemplo vamos simplemente a mostrar varios precios y mostrar el símbolo del euro o del dólar en función de la moneda.

Abrimos la consola, nos situamos en la carpeta donde queremos crear el proyecto y creamos un nuevo proyecto que vamos a llamar pipe:

```
ionic start pipe blank
```

Seleccionamos Angular como framework, le decimos que no queremos integrar Capacitor y esperamos a que se genere el proyecto.

En **home.page.html** vamos a crear un pequeño formulario con un campo numérico donde introducimos un precio y un selector donde elegimos el tipo de moneda, en función de este el precio se mostrará con un símbolo de dólar por delante o un símbolo de euro por detrás.

Editamos por tanto **home.page.html** y lo dejamos de la siguiente manera:

```
<ion-header>
  <ion-toolbar>
    <ion-title>
      Blank
    </ion-title>
  </ion-toolbar>
</ion-header>


<ion-content>
```

```
<form>
  <ion-item>
    <ion-label floating>Precio</ion-label>
    <ion-input type="number" name="precio" [(ngModel)]="precio"
placeholder="Introduce un precio"></ion-input>
  </ion-item>
  <ion-item>
   <ion-label>Moneda</ion-label>
   <ion-select [(ngModel)]="tipoMoneda" name="tipoMoneda">
     <ion-select-option value="Euro">Euro</ion-select-option>
     <ion-select-option value="Dolar">Dólar</ion-select-option>
   </ion-select>
  </ion-item>
  <ion-item>
    <p>El precio es {{ precio }}</p>
  </ion-item>
</form>


</ion-content>
```

Como vemos tenemos un **ion-input** numérico donde introducimos un precio y un **ion-select** con dos opciones donde podemos seleccionar entre euro y dólar.

Por último mostramos el texto "El precio es " y mostramos el contenido del campo precio que se actualiza automáticamente al introducir el campo precio gracias al data binding que realizamos con **[(ngModel)]**.
Tanto el campo precio como moneda son dos variables miembro que tienen que estar declaradas en el controlador por lo tanto editamos **home.page.ts** y declaramos e inicializamos estas variables:

```
import { Component } from '@angular/core';

@Component({
  selector: 'app-home',
```

```
  templateUrl: 'home.page.html',
  styleUrls: ['home.page.scss'],
})
export class HomePage {

  precio = 0;
  tipoMoneda = 'Euro';


  constructor() {}


}
```

Hasta ahora nada que no sepamos ya, si ejecutamos la aplicación vemos que simplemente muestra el precio, pero nosotros queremos que muestre el símbolo de la moneda en función del tipo de moneda seleccionado, para ello vamos a utilizar un pipe.

Para crear un pipe contamos una vez más con la ayuda de ionic generator.
Desde consola escribimos:

```
ionic g pipe pipes/monedas
```

Al crear el pipe se ha generado una nueva carpeta llamada **pipes** que contiene el archivo **monedas.pipe.ts**. que contiene el código de nuestro pipe. Por defecto nos crea un pipe que no hace nada:

```
import { Pipe, PipeTransform } from '@angular/core';

@Pipe({
  name: 'monedas'
})
export class MonedasPipe implements PipeTransform {

  transform(value: unknown, ...args: unknown[]): unknown {
    return null;
  }
```

```
}
```

Este es el código básico de un pipe. Toda la acción está en la función **transform** que recibe como parámetros un valor y unos argumentos.

De momento solo retorna null, aquí debemos hacer algo con el valor que recibimos y devolver un resultado.

Vamos a modificar esta función para que devuelva el valor recibido junto al símbolo del dólar o del euro en función de la moneda seleccionada, por lo tanto editamos **monedas.pipe.ts** y modificamos la función **transform** para que quede de la siguiente manera:

```
transform(value: any, tipoMoneda: string): any {
  if (tipoMoneda === 'Euro') {
    return value + ' €';
  } else {
    return '$ ' + value;
  }
}
```

En **value** recibimos el valor que queremos transformar y en **tipoMoneda** el argumento que le vamos a pasar, un argumento de tipo string que es el tipo de moneda. En función del tipo de moneda devolvemos el valor mas el simbolo del euro por detrás o el símbolo del dólar por delante seguido del valor.

Al generar un pipe con ionic generator se importa automáticamente el pipe en **app.module.ts** y se declara en declarations, sin embargo como luego vamos a volver a declararlo en el módulo de la página para poder utilizarlo tenemos que eliminar el import y la declaración del pipe de **app.module.ts** de lo contrario nos dará un error al ejecutar la aplicación:

```
import { NgModule } from '@angular/core';
import { BrowserModule } from '@angular/platform-browser';
import { RouteReuseStrategy } from '@angular/router';
```

```
import { IonicModule, IonicRouteStrategy } from '@ionic/angular';
import { SplashScreen } from '@ionic-native/splash-screen/ngx';
import { StatusBar } from '@ionic-native/status-bar/ngx';


import { AppComponent } from './app.component';
import { AppRoutingModule } from './app-routing.module';
// import { MonedasPipe } from './pipes/monedas.pipe'; // eliminamos el
import


@NgModule({
  declarations: [AppComponent], // aqui hemos quitado la declaración de
MonedasPipe
  entryComponents: [],
  imports: [BrowserModule, IonicModule.forRoot(), AppRoutingModule],
  providers: [
    StatusBar,
    SplashScreen,
    { provide: RouteReuseStrategy, useClass: IonicRouteStrategy }
  ],
  bootstrap: [AppComponent]
})
export class AppModule {}
```

Cómo podemos usar pipes en varios submódulos dentro de una aplicación, es una buena práctica crear un NgModule adicional para todos los pipes y luego importar este módulo en los módulos del lás páginas donde los vayamos a utilizar.
Para hacerlo, vamos a crear un archivo llamado **pipes.module.ts** dentro del directorio **./src/app/pipes/** y vamos a agregar el siguiente código:

```
import {NgModule} from '@angular/core';
import {CommonModule} from '@angular/common';
import {MonedasPipe} from './monedas.pipe';


@NgModule({
```

```
  imports: [
    CommonModule,
  ],
  declarations: [MonedasPipe],
  exports: [MonedasPipe]
})
export class PipesModule { }
```

Ahora para poder utilizarlo en la página home tenemos que importarlo y declararlo en el módulo de la página, por lo tanto editamos **home.page.module.ts** y añadimos lo siguiente:

```
import { NgModule } from '@angular/core';
import { CommonModule } from '@angular/common';
import { IonicModule } from '@ionic/angular';
import { FormsModule } from '@angular/forms';
import { HomePage } from './home.page';

import { HomePageRoutingModule } from './home-routing.module';
import { PipesModule } from '../pipes/pipes.module';


@NgModule({
  imports: [
    CommonModule,
    FormsModule,
    IonicModule,
    HomePageRoutingModule,
    PipesModule
  ],
  declarations: [HomePage]
})
export class HomePageModule {}
```

Ahora vamos a modificar la plantilla **home.page.html** para aplicar al precio el pipe que acabamos de crear:

```
<ion-header>
 <ion-toolbar>
   <ion-title>
     Ionic Blank
   </ion-title>
 </ion-toolbar>
</ion-header>
<ion-content>
<form>
    <ion-item>
      <ion-label floating>Precio</ion-label>
      <ion-input type="number" name="precio" [(ngModel)]="precio"
placeholder="Introduce un precio"></ion-input>
    </ion-item>
    <ion-item>
      <ion-label>Moneda</ion-label>
      <ion-select [(ngModel)]="tipoMoneda" name="tipoMoneda">
        <ion-select-option value="Euro">Euro</ion-select-option>
        <ion-select-option value="Dolar">Dólar</ion-select-option>
      </ion-select>
    </ion-item>
    <ion-item>
      <p>El precio es {{ precio | monedas: tipoMoneda }}</p>
    </ion-item>
  </form>
</ion-content>
```

Utilizamos el carácter '|' también llamado pipe o tubería para aplicar a la variable **precio** el pipe **moneda** y le pasamos como argumento **moneda** con el valor **tipoMoneda** que tomará el valor que tengamos seleccionado en el **ion-select**.

Si ejecutamos ahora la aplicación vemos que el precio muestra el símbolo de la moneda seleccionada.

En este caso hemos aplicado un pipe pasándole un argumento, si necesitamos pasarle más argumentos lo haríamos de la siguiente forma:

{{ miValor | miPipe:{arg1: 'cualquier cosa', arg2: 'otro argumento' } }}

En cambio si no necesitamos pasarle ningún argumento simplemente lo haríamos así:

{{ miValor | miPipe }}

Puedes descargar o clonar este proyecto desde GitHub en el siguiente link:

https://github.com/edurevilla/libro-ionic-5-pipes.git

Formularios reactivos

En la aplicación de acertar números utilizamos **[(ngModel)]** para hacer **Data Binding** entre la vista y el controlador.

Aunque este enfoque es sencillo y es una característica que viene heredando angular desde sus primeras versiones, en formularios complejos puede dificultar la gestión de los campos, además está previsto que se marque como deprecated en futuras versiones de Angular.

Por otro lado Angular nos ofrece los formularios reactivos que nos permite gestionar de una manera más organizada y escalable los campos de un formulario facilitando la validación.

Como siempre la mejor forma de comprender como funciona es con un ejemplo, así que vamos a crear un nuevo proyecto al que llamaremos formulario:

```
ionic start formulario blank
```

Seleccionamos Angular como framework y para este ejemplo no es necesario integrar nuestra app con Capacitor.

El primer paso que debemos dar es importar **ReactiveFormsModule** en el módulo de la página donde vayamos a utilizar un formulario, en este caso en **home.module.ts**.

```
import { NgModule } from '@angular/core';
import { CommonModule } from '@angular/common';
import { IonicModule } from '@ionic/angular';
import { FormsModule, ReactiveFormsModule } from '@angular/forms';
import { HomePage } from './home.page';

import { HomePageRoutingModule } from './home-routing.module';


@NgModule({
  imports: [
```

```
    CommonModule,
    FormsModule,
    ReactiveFormsModule,
    IonicModule,
    HomePageRoutingModule
  ],
  declarations: [HomePage]
})
export class HomePageModule {}
```

Crear un FormControl

Ahora en **home.page.ts** vamos a importar la clase FormControl y a crear una instancia para un campo que en este caso llamaremos nombre:

```
import { Component } from '@angular/core';
import { FormControl } from '@angular/forms';

@Component({
  selector: 'app-home',
  templateUrl: 'home.page.html',
  styleUrls: ['home.page.scss'],
})
export class HomePage {

  nombre = new FormControl('');

  constructor() {
  }

}
```

Vemos que al constructor FormControl le pasamos como parámetro una cadena vacía
(''), este es el valor inicial que tomará el campo, si queremos que el campo tenga un
valor de inicio podemos pasarle este valor en el constructor.

Veamos ahora cómo se utiliza un Form control en la plantilla, editamos el archivo
home.page.html, eliminamos todo lo que hay dentro de ion-content y añadimos lo
siguiente:

```
<ion-header>
  <ion-toolbar>
    <ion-title>
      Blank
    </ion-title>
  </ion-toolbar>
</ion-header>


<ion-content>
  <ion-item>
    <ion-label>Nombre</ion-label>
    <ion-input [formControl]="nombre"></ion-input>
  </ion-item>
</ion-content>
```

Simplemente en el campo ion-input indicamos que este campo va a utilizar el formControl
nombre.

Si queremos mostrar en tiempo real el valor de nuestro campo podemos utilizar el atributo
value, para verlo vamos a añadir una etiqueta **p** donde se mostrará el valor de nuestro campo
a medida que vamos escribiendo:

```
<ion-header>
  <ion-toolbar>
    <ion-title>
      Blank
    </ion-title>
  </ion-toolbar>
</ion-header>
```

```
<ion-content>
  <ion-item>
    <ion-label>Nombre:</ion-label>
    <ion-input [formControl]="nombre"></ion-input>
  </ion-item>
  <p class="ion-padding">{{ nombre.value }}</p>
</ion-content>
```

Si ejecutamos ahora nuestro proyecto al escribir algo en el campo nombre veremos como va apareciendo debajo los caracteres a medida que vamos escribiendo:

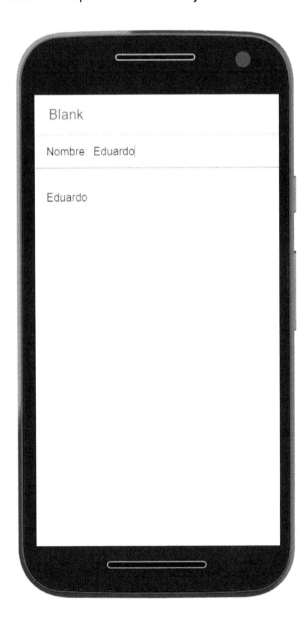

Los formularios reactivos tienen métodos que nos permiten cambiar el valor de un control mediante programación, lo que permite actualizar el valor sin la interacción del usuario.

Por ejemplo vamos a crear un método en **home.page.ts** llamado **cambiarNombre()** que nos permita cambiar el valor del campo nombre:

```
cambiarNombre(){
    this.nombre.setValue('Ornitorrinco');
}
```

Con el método **setValue** asignamos el valor que deseemos al campo, en este caso el campo tomará el valor 'Ornitorrinco'.

Para llamar a este método vamos a crear un botón en **home.page.html**:

```
<ion-content>
  <ion-item>
    <ion-label>Nombre:</ion-label>
    <ion-input [formControl]="nombre"></ion-input>
  </ion-item>
  <p class="ion-padding">{{ nombre.value }}</p>
  <p class="ion-text-center">
    <ion-button (click)="cambiarNombre()">Cambiar nombre</ion-button>
  </p>
</ion-content>
```

Hemos metido el componente ion-button dentro de una etiqueta p con la clase ion-text-center para que salga centrado.

Si ejecutamos ahora nuestra aplicación veremos que al pulsar el botón Cambiar nombre el campo nombre cambiará su valor por la palabra Ornitorrinco.

Agrupando FormControls:

Los formularios generalmente contienen varios controles relacionados. Los formularios reactivos nos permiten agrupar múltiples controles relacionados en un solo formulario de entrada.

FormGroup

Vamos a ver cómo podemos agrupar varios controles utilizando FormGroup.
Lo primero que debemos hacer es editar **home.page.ts** e importar FormGroup:

```
import { Component } from '@angular/core';
import { FormControl, FormGroup } from '@angular/forms';
...
```

Ahora en lugar de el campo nombre que teníamos vamos a crear una propiedad llamada usuario que será un **FormGroup** que contendrá a su vez dos instancias tipo **FormControl**, una para el nombre y otra para el email, quedando de la siguiente manera:

```
...
export class HomePage {

  usuario = new FormGroup({
    nombre: new FormControl(''),
    email: new FormControl(''),
  });

  constructor() {
  }
...
```

Los controles de formulario individuales ahora se recopilan dentro de un grupo.

Vamos a modificar la vista en **home.page.html** para ver cómo se utilizar un FormGroup en la plantilla:

```
<ion-content>
  <form [formGroup]="usuario">
    <ion-item>
      <ion-label>Nombre:</ion-label>
      <ion-input formControlName="nombre"></ion-input>
    </ion-item>
    <ion-item>
      <ion-label>Email:</ion-label>
      <ion-input formControlName="email"></ion-input>
    </ion-item>
  </form>
  <p class="ion-padding">{{ usuario.controls.nombre.value }}</p>
  <p class="ion-text-center">
    <ion-button (click)="cambiarNombre()">Cambiar nombre</ion-button>
  </p>
</ion-content>
```

Bien, vayamos por partes:

En primer lugar hemos añadido una etiqueta form a la cual mediante el parámetro **[formGroup]** le indicamos que los campos del formularios van a estar asociados al FormGroup **usuario** que hemos creado en el controlador.

En el campo nombre ya no indicamos mediante el parámetro [formControl] que lo asociamos con el control **nombre** sino que al pertenecer a un FormGroup necesitamos utilizar el parámetro **formControlName**.

Hemos añadido otro campo para recoger el email del usuario, la estructura es identica al campo nombre, solo que com**o formControlName** le asignamos **email**.

Dentro de la etiqueta p donde mostramos el contenido del campo nombre ya no podemos acceder directamente a nombre.value, ahora para acceder al valor del campo que pertenece a un FormGroup debemos especificarlo accediendo al control dentro del formgroup usuario de la siguiente manera:

```
<p class="ion-padding">{{ usuario.controls.nombre.value }}</p>
```

Si lo intentamos ejecutar nos dará un error porque en el método cambiarNombre() estamos accediendo al valor del nombre directamente, debemos modificar este método en home.page.ts para que quede de la siguiente manera:

```
cambiarNombre(){
    this.usuario.controls.nombre.setValue('Ornitorrinco');
}
```

Guardar los datos del formulario:

Lo habitual es tener un un botón en el formulario que al pulsarlo se procesan los datos del formulario, ya sea para enviarlos al servidor para guardarlos en una base de datos o para realizar cualquier operación con ellos.

Vamos a añadir **ngSubmit** a la etiqueta form para detectar cuando es lanzado el formulario y procesar los campos, en este caso le diremos que ejecute el método guardarDatos() que definiremos posteriormente en el controlador, por lo tanto la etiqueta form deberá quedar así:

```
<form [formGroup]="usuario" (ngSubmit)="guardarDatos()">
```

Ahora para poder lanzar el formulario necesitamos incluir en el formulario un botón de tipo submit:

```
<ion-content>
  <form [formGroup]="usuario" (ngSubmit)="guardarDatos()">
    <ion-item>
      <ion-label>Nombre:</ion-label>
      <ion-input formControlName="nombre"></ion-input>
    </ion-item>
    <ion-item>
      <ion-label>Email:</ion-label>
      <ion-input formControlName="email"></ion-input>
    </ion-item>
    <p class="ion-text-center">
      <ion-button type="submit">Guardar</ion-button>
```

```
      </p>
  </form>
    <p class="ion-padding">{{ usuario.controls.nombre.value }}</p>
    <p class="ion-text-center">
      <ion-button (click)="cambiarNombre()">Cambiar nombre</ion-button>
    </p>
</ion-content>
```

Bien, ahora solo nos quedaría recoger los datos de nuestro formulario en la función **guardarDatos()** y hacer lo que necesitemos con ellos, en este caso simplemente vamos a mostrar en consola el contenido de los campos, por lo que en **home.page.ts** crearemos la función guardarDatos que quedará de la siguiente forma:

```
guardarDatos(){
  console.log(this.usuario.value);
}
```

Si ejecutamos nuestra aplicación en el navegador, introducimos el nombre y el email y posteriormente pulsamos en el botón Guardar veremos en la consola del navegador se mostrará un objeto como este:

{ nombre: "Eduardo", email: "edu.revilla.vaquero@gmail.com" }

Con los datos del formulario contenidos en **this.usuario.value** realizaremos las operaciones que necesitemos.

Validar campos

Podemos validar los campos que introduce el usuario de una manera sencilla.
Lo primero que necesitamos es importar Validators de @angular/forms:

```
import { Component } from '@angular/core';
import { FormControl, FormGroup, Validators } from '@angular/forms';
...
```

Ahora vamos a hacer que el campo nombre sea obligatorio y que además tenga que tener como mínimo 4 caracteres, además vamos a hacer que se compruebe que el campo email contiene una dirección de email válida.

Para ello vamos a modificar los FormsControls para que queden de la siguiente manera:

```
usuario = new FormGroup({
    nombre: new FormControl('', [Validators.required, Validators.minLength(4)]),
    email: new FormControl('', Validators.email),
  });
```

Como vemos al crear el FormControl **nombre** le pasamos como segundo parámetro un array con dos Validators, con **Validators.required** indicamos que el campo es obligatorio, y con **Validators.minLength(4)** le estamos diciendo que el campo tiene que tener al menos 4 caracteres.

Por otro lado al crear el FormControl **email** le pasamos como segundo parámetro **Validators.email** que hará una comprobación de si el campo cumple con la estructura de un email válido. Como el campo email solo tiene un único validador no es necesario que esté contenido en un array.

Ahora vamos a hacer que el botón de guardar sólo esté activo cuando se cumplan las condiciones que le hemos marcado en los validadores. Editamos home.page.html y modificamos el botón de guardar para que quede de la siguiente manera:

```
<ion-button type="submit" [disabled]="!usuario.valid">Guardar</ion-button>
```

Con esto le estamos indicando que el botón esté deshabilitado si los campos del **formGroup** usuario no son válidos.

Si ejecutas ahora la aplicación verás que debemos cumplir con los requisitos que le hemos indicado para que se active el botón de guardar.

Por último vamos a modificar la plantilla para mostrar mensajes de error cuando no se cumplan las validaciones, editamos **home.page.html** y modificamos el formulario para incluir lo siguiente:

```html
<form [formGroup]="usuario" (ngSubmit)="guardarDatos()">
    <ion-item>
      <ion-label>Nombre:</ion-label>
      <ion-input formControlName="nombre"></ion-input>
    </ion-item>
    <ion-label color="danger" *ngIf="usuario.controls.nombre.errors?.required && (usuario.touched || usuario.dirty)">* El nombre es obligatorio </ion-label>
    <ion-label color="danger" *ngIf="usuario.controls.nombre.errors?.minlength && (usuario.touched || usuario.dirty)">* El nombre tiene que tener al menos 4 caracteres.</ion-label>
    <ion-item>
      <ion-label>Email:</ion-label>
      <ion-input formControlName="email"></ion-input>
    </ion-item>
    <ion-label color="danger" *ngIf="usuario.controls.email.errors?.email && (usuario.touched || usuario.dirty)">* El email no es válido.</ion-label>
    <p class="ion-text-center">
      <ion-button type="submit" [disabled]="!usuario.valid">Guardar</ion-button>
    </p>
  </form>
```

En el campo nombre hemos añadido dos componentes **ion-label**.
En el primero mostramos un mensaje advirtiendo que el campo nombre es obligatorio, se mostrará cuando se cumpla la condición que le endicamos enla directiva **ngIf**:

```html
<ion-label color="danger" *ngIf="usuario.controls.nombre.errors?.required && (usuario.touched || usuario.dirty)">* El nombre es obligatorio </ion-label>
```

En esta directiva comprobamos primero si se ha producido el error required, es decir que el campo esté vacío.

Accedemos al control a través de **usuario.controls.nombre**, dentro de este, en **errors** se encuentran los tipos de errores de validación que se hayan producido, observa que hemos puesto una interrogación después de errors, esto es porque si no se ha producido ningún error errors valdrá null y dará un error al intentar acceder a la propiedad required. Poniendo una interrogación solo accede a esta propiedad si existe errors.

Además hemos añadido otra condición que se debe cumplir: **(usuario.touched || usuario.dirty)** esta comprobación es para evitar que el validador muestre errores antes de que el usuario tenga la oportunidad de editar el formulario.

En el segundo label comprobamos que haya pasado el validador minlength, para mostrar el error de que el nombre tiene que tener al menos 4 caracteres:

```
<ion-label color="danger" *ngIf="usuario.controls.nombre.errors?.minlength
&& (usuario.touched || usuario.dirty)">* El nombre tiene que tener al menos 4
caracteres.</ion-label>
```

Finalmente en el campo email mostramos un error si el email no es válido:

```
<ion-label color="danger" *ngIf="usuario.controls.email.errors?.email &&
(usuario.touched || usuario.dirty)">* El email no es válido.</ion-label>
```

FormBuilder

Para facilitar la tarea de crear formularios Angular nos proporciona el servicio FormBuilder.

Para utilizar FormBuilder debemos importarlo de @angular/forms e inyectarlo en el constructor:

```
import { FormBuilder } from '@angular/forms';


...
```

```
constructor(private fb: FormBuilder) {
  }
```

FormBuilder nos permite definir los controles del formulario en forma de array haciendo mucho más cómodo.

En **home.page.ts** tenemos la definición del nuestro FormGroup **usuario**:

```
usuario = new FormGroup({
    nombre: new FormControl('', [Validators.required,
Validators.minLength(4)]),
    email: new FormControl('', Validators.email),
  });
```

Lo vamos a sustituir por lo siguiente:

```
usuario = this.fb.group({
    nombre: ['', [Validators.required, Validators.minLength(4)]],
    email: ['', Validators.email],
  });
```

Como vemos no necesitamos llamar a new FormControl en cada control, simplemente le asignamos un array con sus propiedades, en este caso el valor por defecto que es una cadena vacía y los validadores.

Puede que al tener solo dos campos en este pequeño ejemplo no le veas mucho ahorro, pero en formularios complejos con muchos campos hace que sea mucho más cómodo de definir los campos y facilita la lectura del código.

Creando una aplicación para guardar nuestros sitios geolocalizados

Descripción de la aplicación

La aplicación consistirá en una herramienta que nos permita guardar el lugar donde nos encontramos actualmente recogiendo las coordenadas gracias al gps del móvil.

Está aplicación puede sernos útil por ejemplo para recordar dónde hemos aparcado el coche o para guardar un restaurante que nos ha gustado y queremos volver más tarde etc.

La aplicación consta de una pantalla inicial con un mapa donde se mostrará la posición actual y un botón para añadir la posición actual. Al pulsar el botón se abrirá una ventana modal con un pequeño formulario donde añadir una descripción y un fotografía.

Los lugares que guardemos se mostrarán en otra página que contendrá un listado de tus sitios guardados.

Al pinchar sobre uno de nuestros sitios guardados se abrirá otra ventana modal donde mostraremos la foto, la dirección y la descripción del mismo.

Bien, vamos a comenzar creando nuestra aplicación. Vamos a utilizar la plantilla tabs para crear nuestra aplicación con la estructura ya creada para utilizar tabs. También vamos a indicarle que vamos a utilizar capacitor con el flag **--capacitor**, aunque si no se lo indicamos nos preguntará si queremos incorporar capacitor.

Desde la consola de comandos o terminal escribimos:

```
ionic start misSitios tabs --capacitor
```

Vamos a utilizar Capacitor para la parte nativa, así que vamos a eliminar los paquetes de **Splash Screen** y **Statur Bar** de ionic native ya que Capacitor tiene su propias APIs para reemplazarlos, para ello ejecutamos el siguiente comando:

```
npm rm @ionic-native/core @ionic-native/splash-screen @ionic-native/status-bar
```

Ahora vamos a reemplazar la integración de ionic-native para la barra de estado y la Splash Screen en **app.components.ts,** eliminamos los imports y tampoco necesitamos **platform.ready** para asegurarnos de que los plugins estuviesen disponibles como en Cordova, con Capacitor no nos tenemos que preocupar por eso,los plugins están disponibles desde el principio.

Editamos **app.components.ts** y lo dejamos de la siguiente manera:

```typescript
import { Component } from '@angular/core';
import { Plugins } from '@capacitor/core';
const { SplashScreen, StatusBar } = Plugins;
// import { Platform } from '@ionic/angular'; <-- Eliminamos este import
// import { SplashScreen } from '@ionic-native/splash-screen/ngx'; <--
Eliminamos este import
// import { StatusBar } from '@ionic-native/status-bar/ngx'; <-- Eliminamos
este import


@Component({
  selector: 'app-root',
  templateUrl: 'app.component.html'
})
export class AppComponent {
  constructor(
   // private platform: Platform, <-- Eliminamos esta línea
   // private splashScreen: SplashScreen, <-- Eliminamos esta línea
   // private statusBar: StatusBar <-- Eliminamos esta línea
  ) {
    this.initializeApp();
  }

  initializeApp() {
```

```
    SplashScreen.hide().catch(error => {
      console.error(error);
    });
    StatusBar.hide().catch(error => {
      console.error(error);
    });
  }
}
```

También debemos eliminar las antiguas referencias a SplashScreen y Statusbar del archivo **app.module.ts**:

```
import { NgModule } from '@angular/core';
import { BrowserModule } from '@angular/platform-browser';
import { RouteReuseStrategy } from '@angular/router';

import { IonicModule, IonicRouteStrategy } from '@ionic/angular';
//import { SplashScreen } from '@ionic-native/splash-screen/ngx'; ←
Eliminamos esta línea
//import { StatusBar } from '@ionic-native/status-bar/ngx'; ← Eliminamos esta
línea

import { AppRoutingModule } from './app-routing.module';
import { AppComponent } from './app.component';

@NgModule({
  declarations: [AppComponent],
  entryComponents: [],
  imports: [BrowserModule, IonicModule.forRoot(), AppRoutingModule],
  providers: [
//   StatusBar, ← Eliminamos esta línea
//   SplashScreen, ← Eliminamos esta línea
    { provide: RouteReuseStrategy, useClass: IonicRouteStrategy }
  ],
  bootstrap: [AppComponent]
})
```

```
export class AppModule {}
```

Ahora ya podemos empezar a crear nuestra aplicación:

Lo primero que vamos ha hacer es cambiar el texto y los iconos de los tabs, editamos el archivo **tabs.page.html** y lo dejamos de la siguiente manera:

```html
<ion-tabs>

  <ion-tab-bar slot="bottom">
    <ion-tab-button tab="tab1">
      <ion-icon name="home"></ion-icon>
      <ion-label>Inicio</ion-label>
    </ion-tab-button>

    <ion-tab-button tab="tab2">
      <ion-icon name="list"></ion-icon>
      <ion-label>Listado</ion-label>
    </ion-tab-button>

    <ion-tab-button tab="tab3">
      <ion-icon name="information-circle"></ion-icon>
      <ion-label>Info</ion-label>
    </ion-tab-button>
  </ion-tab-bar>

</ion-tabs>
```

Al tab **Inicio** le hemos asignado el icono **home**, al tab **Listado** el icono **list** y al tab **Info** el icono **information-circle**.

Recordad que debemos estar dentro de la carpeta del proyecto para poder ejecutar cualquier comando de ionic, por lo que deberemos escribir **cd misSitios** desde consola para entrar dentro de la carpeta de nuestro proyecto.

Ahora ya podemos ejecutar nuestra aplicación con el comando **ionic serve** y ver las tres pestañas hemos creado:

Para observar mejor cómo cambiamos entre las distintas páginas de momento vamos a poner un comentario en cada una.

Editamos **tab1.page.html,** como ya vimos anteriormente las páginas que se generan por defecto al crear un nuevo proyecto contienen cabeceras desplegables para títulos largos para iOS que se pliegan al hacer scroll, nosotros no vamos a utilizar esta funcionalidad en nuestros ejemplos así que vamos a dejar solo la cabecera principal y vamos a cambiar el título y en contenido de la página dejándolo de la siguiente manera:

```
<ion-header>
 <ion-toolbar>
   <ion-title>
     Inicio
   </ion-title>
 </ion-toolbar>
</ion-header>

<ion-content>
 <h1>Esta es la página de inicio, aquí situaremos un mapa con un botón de añadir lugar.</h1>
</ion-content>
```

Editamos **tab2.page.html** para que quede así:

```
<ion-header>
 <ion-toolbar>
   <ion-title>
     Listado
   </ion-title>
 </ion-toolbar>
</ion-header>

<ion-content>
 <h1>Aquí estará el listado de sitios guardados.</h1>
</ion-content>
```

Y por último editamos **tab3.page.html** dejándolo de la siguiente manera:

```
<ion-header>
  <ion-toolbar>
    <ion-title>
      Info
    </ion-title>
```

```
    </ion-toolbar>
  </ion-header>

  <ion-content>
    <ion-card>
      <ion-card-header>
        <ion-card-title>Mis sitios:</ion-card-title>
      </ion-card-header>
      <ion-card-content>
        <p>Aplicación de muestra del libro "Desarrollo de aplicaciones móviles
multiplataforma y PWAs con Ionic y Firebase desde cero."</p>
      </ion-card-content>
    </ion-card>
  </ion-content>
```

Ahora al navegar por las pestañas podemos ver algo parecido a esto:

Bién por ahora hemos aprendido a crear una aplicación con tabs para navegar entre diferentes páginas.

Ahora vamos a seguir creando nuestra aplicación para guardar sitios. vamos a insertar un mapa en la página de inicio y capturaremos las coordenadas actuales.

Mostrando el mapa

Vamos a mostrar un mapa donde podremos ver donde estamos situados y también donde están geolocalizados los sitios que vamos a guardar.

Para mostrar el mapa vamos a utilizar Leaflet.

Según la descripción de su propia web oficial:

Leaflet es la biblioteca de JavaScript de código abierto líder para mapas interactivos aptos para dispositivos móviles. Con un peso aproximado de 38 KB de JS, tiene todas las funciones de mapeo que la mayoría de los desarrolladores necesitan.

Sin duda es una gran alternativa de código abierto a google maps.

Leafleft es la librería que nos permite visualizar los mapas, para obtener esos mapas vamos a utilizar OpenStreetMap (OSM).

OpenStreetMap es un mapa del mundo, creado colaborativamente y de uso libre bajo una licencia abierta, que podemos utilizar libremente en nuestras aplicaciones.

Lo primero que vamos a hacer es instalar el paquete de Leaflet, por lo tanto desde la consola de comandos escribimos lo siguiente:

```
npm install leaflet --save
```

También debemos instalar **@types/leaflet** desde el terminal:

```
npm install @types/leaflet
```

Al instalar leaflet se instalar el contenido del paquete en la ruta **node_modules/leaflet/**, para poder utilizar Leaflet en nuestra aplicación tenemos que copiar el archivo **leaflet.css** que se encuentra en la carpeta **node_modules/leaflet/dist/** y copiarlo en la carpeta **assets**, para organizarnos mejor vamos a crear una carpeta en assets llamada **leaftlet** y vamos a copiar dentro el archivo **leaflet.css**.

Por lo tanto copiamos el archivo **leaflet.css** de **node_modules/leaflet/dist/** :

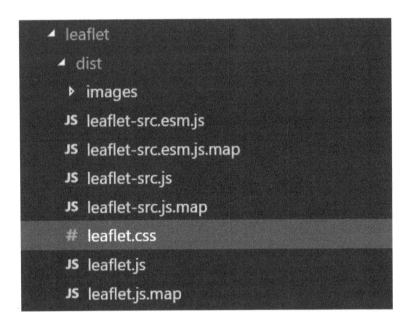

Y lo pegamos en **assets** dentro de la carpeta **leaflet**:

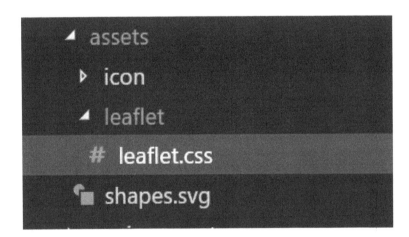

Ahora vamos a editar el archivo **index.html** para cargar el archivo leaflet.css que acabamos de copiar en la carpeta assets:

```
<link href="assets/leaflet/leaflet.css" rel="stylesheet">
```

El archivo **index.html** completo debe de quedar de la siguiente manera:

```html
<!DOCTYPE html>
<html lang="en">

<head>
  <meta charset="utf-8" />
  <title>Ionic App</title>

  <base href="/" />

  <meta name="color-scheme" content="light dark" />
  <meta name="viewport" content="viewport-fit=cover, width=device-width,
initial-scale=1.0, minimum-scale=1.0, maximum-scale=1.0, user-scalable=no" />
  <meta name="format-detection" content="telephone=no" />
  <meta name="msapplication-tap-highlight" content="no" />

  <link rel="icon" type="image/png" href="assets/icon/favicon.png" />
  <link href="assets/leaflet/leaflet.css" rel="stylesheet">

  <!-- add to homescreen for ios -->
  <meta name="apple-mobile-web-app-capable" content="yes" />
  <meta name="apple-mobile-web-app-status-bar-style" content="black" />
</head>

<body>
  <app-root></app-root>
</body>

</html>
```

Ahora para poder acceder a las coordenadas del móvil vamos a utilizar la api **Geolocation** de **Capacitor.**

Podemos ver en este enlace la documentación oficial de la api de Geolocation en Capacitor:

https://capacitor.ionicframework.com/docs/apis/geolocation

Vamos a editar **tab1.page.ts** y lo primero que debemos hacer es importar **L** de **leaflet** y **Plugins** de **@capacitor/core**.

Después declaramos la constante **Geolocation**, también vamos a declarar una variable **position** donde guardaremos las coordenadas donde nos encontramos:

```typescript
import { Component } from '@angular/core';
import * as L from 'leaflet'; // Importamos leaflet para renderizar el mapa.
import { Plugins } from '@capacitor/core';

const { Geolocation } = Plugins;

@Component({
  selector: 'app-tab1',
  templateUrl: 'tab1.page.html',
  styleUrls: ['tab1.page.scss']
})
export class Tab1Page {
  position: any;

  constructor() {}
}
```

Ahora vamos a definir definir una función **initMap** lo primero que vamos ha hacer es obtener la coordenadas actuales:

```typescript
async initMap() {
    this.position = await Geolocation.getCurrentPosition();
    console.log('position:', this.position);
```

```
}
```

Con console.log imprimimos en la consola las coordenadas que obtenemos.

Promesas y Async/Await

Como puedes observar el nombre de la función **initMap** que acabamos de crear lleva la palabra **async** por delante.
El método **Geolocation.getCurrentPosition()** devuelve una promesa, normalmente los métodos de los plugins devuelven promesas.

Las promesas vienen a sustituir a los **callbacks**. Se ejecuta la función y cuando obtenemos un resultado en el **then** se ejecuta el código que necesitemos, si falla la ejecución de alguno podemos utilizar la función **catch** para tratar el error.

Esto viene muy bien cuando llamamos a algún método que puede tardar en responder como una llamada a una api.

Podríamos utilizar el método **getCurrentPosition()** utilizando una promesa de la siguiente manera:

```
Geolocation.getCurrentPosition().then( position => {
    const coordinates = position;
  }).catch(err => console.log(err));
```

Sin embargo al recibir el resultado asíncronamente a través de una promesa no podemos obtener valor de coordinates directamente, para resolver esta cuestión utilizamos **async / await.**
await espera a recibir el valor de una función que retorna una promesa y nos permite asignarle el valor recibido a una variable, deteniendo la ejecución del resto de sentencias de la función hasta que no hayamos recibido la respuesta, convirtiéndose así la ejecución en síncrona.
await solo se puede utilizar en funciones definidas como **async**.

Iniciando el mapa

Ahora que ya tenemos las coordenadas vamos a iniciar el mapa y centrarlo en las coordenadas que hemos recibido.

Primero vamos ha hacer que se ejecute la función initMap al entrar en la página, para conseguirlo la llamamos desde la función **ngOnInit** que como sabemos se ejecuta al iniciar la página, por lo tanto en **tab1.page.ts** vamos a implementar el método **ngOnInit** dentro de la clase **Tab1Page** de la siguiente manera:

```
import { Component, OnInit } from '@angular/core';
import * as L from 'leaflet'; // Importamos leaflet para renderizar el mapa.
import { Plugins } from '@capacitor/core';

const { Geolocation } = Plugins;



@Component({
  selector: 'app-tab1',
  templateUrl: 'tab1.page.html',
  styleUrls: ['tab1.page.scss']
})
export class Tab1Page implements OnInit {

...
```

Para poder utilizar el método **ngOnInit** tenemos que importarlo y hacer que la clase **Tab1Page** implemente **OnInit** indicandolo con la palabra **implements**.

Ahora tenemos que implementar en método **ngOnInit** donde llamaremos a initMap();

```
ngOnInit() {
    this.initMap();
}
```

Ahora vamos a editar **tab1.page.html,** eliminamos el contenido que teníamos en **ion-content** y creamos un div que será el contenedor donde se va a visualizar el mapa, le asignamos como id **map**:

```html
<ion-header>
 <ion-toolbar>
   <ion-title>
     Inicio
   </ion-title>
 </ion-toolbar>
</ion-header>
 <ion-content>
 <div id="map"></div>
</ion-content>
```

Acto seguido editamos **tab1.page.scss** para hacer que el mapa ocupe el 100% de la pantalla:

```scss
#map{
 width: 100%;
 height: 100%;
}
```

Después en **tab1.page.ts** vamos a necesitar declarar dos variables miembro: **map** del tipo **L.map** (mapa de Leaflet) y center del tipo **L.PointTuple** que contendrá un array con la latitud y la longitud donde se va a centrar el mapa:

```typescript
...
export class Tab1Page implements OnInit {

  position: any;
  map: L.Map;
  center: L.PointTuple;


  ...
```

Ahora añadimos lo siguiente a la función **initMap()**:

```
async initMap() {
    this.position = await Geolocation.getCurrentPosition();
    console.log('position:', this.position);
    this.center = [this.position.coords.latitude,
this.position.coords.longitude];


    setTimeout(() => {
        this.map = L.map('map').setView(this.center, 13);
        L.tileLayer('https://{s}.tile.openstreetmap.fr/hot/{z}/{x}/{y}.png',
{
        attribution: '&copy; <a
href="https://www.openstreetmap.org/copyright">OpenStreetMap</a>
contributors'
        })
        .addTo(this.map);
    });
}
```

A **this.center** le asignamos las coordenadas que hemos asignado a la variable **this.position**, la latitud se encuentra en **this.position.coords.latitude** y la longitud en **this.position.coords.longitude**.

El resto del código está envuelto en una función **setTimeout**, esto es porque Leaftlet no se visualiza correctamente si no lo hacemos de esta manera.
Con **this.map = L.map('map').setView(this.center, 13)** creamos el mapa y le decimos que utilice el contenedor **map**, map es el id que le hemos dado al div contenedor.
Con **setView** le decimos que se situe en **this.center** con un zoom de **13**.

Después con **L.tileLayer** añadimos la capa con los title obtenidos desde OpenStreetMap.

Por último con **.addTo(this.map)** añadimos la capa a nuestro mapa.

El código completo de **tab1.page.ts** quedaría de la siguiente manera:

```typescript
import { Component, OnInit } from '@angular/core';
import * as L from 'leaflet'; // Importamos leaflet para renderizar el mapa.
import { Plugins } from '@capacitor/core';


const { Geolocation } = Plugins;



@Component({
  selector: 'app-tab1',
  templateUrl: 'tab1.page.html',
  styleUrls: ['tab1.page.scss']
})
export class Tab1Page implements OnInit {

  position: any;
  map: L.Map;
  center: L.PointTuple;

  constructor() {}

  ngOnInit() {
    this.initMap();
  }



  async initMap() {
    this.position = await Geolocation.getCurrentPosition();
    console.log('position:', this.position);
    this.center = [this.position.coords.latitude,
this.position.coords.longitude];

    setTimeout(() => {
        this.map = L.map('map').setView(this.center, 13);
        L.tileLayer('https://{s}.tile.openstreetmap.fr/hot/{z}/{x}/{y}.png', {
        attribution: '&copy; <a
href="https://www.openstreetmap.org/copyright">OpenStreetMap</a> contributors'
        })
```

```
        .addTo(this.map);
    });


  }


}
```

Con esto ya podemos visualizar un mapa en nuestra aplicación:

Mostrando nuestro mapa

Añadiendo un marcador al mapa

Hasta ahora hemos visto cómo insertar en nuestra app un mapa centrado en las coordenadas actuales.

Vamos a continuar desarrollando nuestra app.

Para poder apreciar mejor donde estamos situados vamos a mostrar un marcador personalizado en el mapa que nos indique nuestra posición.

Para el marcador vamos a utilizar una imagen personalizada. La forma correcta de utilizar imágenes locales en nuestra app es alojarlas en la carpeta **src/assets**, así que vamos a crear dentro de **src/assets** una carpeta la la que llamaremos **img** donde alojaremos nuestras imágenes.

Podemos poner la imagen que queramos como marcador para el mapa. Si no os queréis complicar podéis descargar la que utilizo en este ejemplo desde esta url:

https://bit.ly/2JDXltM

Para descargarla solo tenéis que pulsar el botón derecho sobre la imagen y seleccionar guardar.

Recuerda que puedes utilizar cualquier otra imagen si lo deseas.

Bien, una vez descargada la imagen la copiamos en la carpeta **img** que acabamos de crear.

Ahora vamos a seguir editando el archivo **tab1.page.ts** y vamos a definir una variable para nuestro marcador:

```
...

export class Tab1Page {

 position: any;
 map: L.Map;
 center: L.PointTuple;
 miMarker: L.icon =  L.icon({ iconUrl: 'assets/img/ico_estoy_aqui.png',
iconSize:[48, 48],iconAnchor: [24, 43]});
 ...
```

iconSize es el tamaño del icono e **iconAnchor** es el ancla, es decir el punto de la imagen que va a señalar la posición en el mapa, en este caso la punta de abajo de la imagen.

Ahora para situar el marcador en el mapa añadimos lo siguiente a la función **initMap**:

```
async initMap(){

    this.position = await Geolocation.getCurrentPosition();
    console.log(this.position);

    this.center = [this.position.coords.latitude,
this.position.coords.longitude];

    setTimeout(()=>{
        this.map = L.map('map').setView(this.center, 13);
        L.tileLayer("https://{s}.tile.openstreetmap.fr/hot/{z}/{x}/{y}.png", {
            attribution: '&copy; <a
href="https://www.openstreetmap.org/copyright">OpenStreetMap</a>
contributors'
        })
        .addTo(this.map);
```

```
// Mostramos el icono de donde estamos
L.marker(this.center, { icon: this.miMarker }).addTo(this.map);


    });
}
```

Con el método **L.marker** creamos el marcador pasándole como primer parámetro las coordenadas y como segundo parámetro un objeto donde especificamos como propiedad **icon** el marcador que acabamos de definir, com **addTo** lo añadimos al mapa.

Ahora si ejecutamos nuestra aplicación veremos algo como esto:

Mostrando un marcador en el mapa

Añadiendo FAB

Ahora vamos a dar un paso más y vamos a añadir un **FAB** (Floating Action Button) es decir botón de acción flotante al mapa.

Los FAB son componentes estándar de material design, tienen la forma de un círculo y flotan sobre el contenido en una posición fija.

Este FAB lo utilizaremos para añadir la posición actual a nuestros sitios, para ello haremos que cuando se pulse en el fav se habra una ventana modal donde mostraremos un pequeño formulario donde aparecerán las coordenadas y la dirección de la posición actual y nos permitirá añadir una descripción y una fotografía desde la cámara de nuestro móvil.

Vayamos por partes.

Primero vamos a colocar el FAB en la vista de nuestra página de inicio, editamos el archivo **tab1.page.html** y añadimos lo que está marcado:

```html
<ion-header>
 <ion-toolbar>
   <ion-title>
     Inicio
   </ion-title>
 </ion-toolbar>
</ion-header>
 <ion-content>
 <div id="map"></div>
 <ion-fab vertical="top" horizontal="end" slot="fixed">
   <ion-fab-button (click)="nuevoSitio()">
     <ion-icon name="location"></ion-icon>
     <ion-icon name="add"></ion-icon>
   </ion-fab-button>
 </ion-fab>
```

```
</ion-content>
```

Bien, como vemos tenemos el componente **ion-fab** al que le indicamos que se sitúe arriba a la derecha con **vertical="top"** y **horizontal="end"**

En su interior contiene un botón **ion-fab-button**.

Con **(click)="nuevoSitio()"** le indicamos que cuando se pulse el botón se llame a la función **nuevoSitio()** que definiremos luego en el controlador de la página.

Después tenemos dos componentes **ion-icon** para mostrar los iconos en el FAB, uno con el icono pin y otro con el icono add, lo habitual es mostrar un solo icono, pero he querido poner dos para que quede más claro que queremos añadir una localización.

Si probamos ahora nuestra app tendrá un aspecto similar a este:

Vamos a definir la función **nuevoSitio()** en el controlador, editamos el archivo **tab1.page.ts** y añadimos la siguiente función debajo de la función **initMap**:

```
nuevoSitio(){
    // aquí vamos a abrir el modal para añadir nuestro sitio.
}
```

La idea es que al llamar a esta función desde el FAB se abra un modal para poder añadir una descripción y una foto a nuestro sitio si lo deseamos, vamos a explicar un poco qué son los modales y cómo se utilizan:

Modales

Los modales son como ventanas que se abren dentro de nuestra aplicación sin que afecten a la pila de navegación.

Para crear un modal debemos de crear una página con el ionic generator.

Desde consola vamos a escribir el siguiente comando para crear el modal donde irá el formulario para introducir el nuevo sitio:

```
ionic g page modalNuevoSitio
```

Cuando creamos una nueva página Ionic por defecto genera una ruta en **app-routing.module.ts**, en este caso como los modales no forman parte de la pila de navegación vamos a eliminar esta ruta que se ha creado:

```
const routes: Routes = [
  { path: '', loadChildren: './tabs/tabs.module#TabsPageModule' },
  { path: 'modal-nuevo-sitio', loadChildren:
'./modal-nuevo-sitio/modal-nuevo-sitio.module#ModalNuevoSitioPageModule' } //
Debemos eliminar esta línea
];
```

Ahora en **tab1.page.ts** debemos importar el componente **ModalController** de la librería **ionic-angular**:

```
import { ModalController } from '@ionic/angular';
```

Debemos inyectar también en el constructor el componente **ModalController** al que hemos llamado **modalCtrl,** si no existe la función constructor la creamos:

```
...
export class Tab1Page {

  position: any;
  map: L.Map;
  center: L.PointTuple;
  miMarker: L.icon =  L.icon({ iconUrl: 'assets/img/ico_estoy_aqui.png',
iconSize:[48, 48],iconAnchor: [24, 43]});

  constructor(private modalCtrl: ModalController){}
...
```

Ahora debemos importar la página **ModalNuevoSitioPage** que acabamos de crear.

```
import { ModalNuevoSitioPage } from
'../modal-nuevo-sitio/modal-nuevo-sitio.page';
```

Y por último tenemos que importar y declarar en los imports el módulo de la página **ModalNuevoSitioPageModule** en **app.module.ts:**

```
import { NgModule } from '@angular/core';
import { BrowserModule } from '@angular/platform-browser';
import { RouteReuseStrategy } from '@angular/router';

import { IonicModule, IonicRouteStrategy } from '@ionic/angular';

import { AppRoutingModule } from './app-routing.module';
```

```
import { AppComponent } from './app.component';
import { ModalNuevoSitioPageModule } from
'./modal-nuevo-sitio/modal-nuevo-sitio.module';

@NgModule({
  declarations: [AppComponent],
  entryComponents: [],
  imports: [BrowserModule, IonicModule.forRoot(),
AppRoutingModule,ModalNuevoSitioPageModule],
  providers: [
    { provide: RouteReuseStrategy, useClass: IonicRouteStrategy }
  ],
  bootstrap: [AppComponent]
})
export class AppModule {}
```

Ahora ya estamos listos para abrir el modal en nuestra función **nuevoSitio**, por lo tanto vamos a modificar la función **nuevoSitio** para que quede de la siguiente manera:

```
nuevoSitio(){
    // aquí vamos a abrir el modal para añadir nuestro sitio.
    this.modalCtrl.create({
      component: ModalNuevoSitioPage,
      componentProps: { lat: this.position.coords.latitude,  lon:
this.position.coords.longitude }
}).then((modal) => {
      modal.onDidDismiss().then(() => {
          // se ejecuta al cerrar


      });
      modal.present();
    });


  }
```

Para crear un modal utilizamos el método **create** del componente **ModalController** y le pasamos como parámetro un objeto donde en la propiedad component le indicamos el controlador de la página que hemos creado para el modal llamado **ModalNuevoSitioPage.**

La propiedad **componentProps** es opcional y se utiliza para pasarle datos a nuestro modal, en este caso lo vamos a utilizar para pasarle la posición con las coordenadas que hemos obtenido.

Una vez creado el modal para que se muestre en pantalla invocamos al método El método **onDidDismiss()** se ejecuta al cerrar el modal y podemos utilizarlo si queremos que se ejecuta alguna acción al cerrar el modal, en este caso lo dejamos vacío.

Ahora que sabemos cómo mostrar un modal y como se le pasan datos desde la página que lo llama, vamos a ver cómo recibimos esos datos y los mostramos en el modal.

Vamos a crear una variable en el controlador del modal (**modal-nuevo-sitio.ts**) que al igual que en la página inicio llamaremos **coords** y será de tipo **any**, esta variable al igual que en la página de inicio va a contener un objeto con la latitud y longitud que recibimos en la llamada.

Para recibir los datos que le hemos pasado solo tenemos que declarar las mismas propiedades que le hemos pasado en **componentProps** en la clase de la página del modal, por lo tanto como le hemos pasado **lat** y **lon** vamos a declarar dos propiedades con el mismo nombre en la clase **ModalNuevoSitioPage**:

```
import { Component, OnInit } from '@angular/core';

@Component({
  selector: 'app-modal-nuevo-sitio',
  templateUrl: './modal-nuevo-sitio.page.html',
  styleUrls: ['./modal-nuevo-sitio.page.scss'],
})
export class ModalNuevoSitioPage implements OnInit {
  lat;
  lon;
```

```
constructor() { }

ngOnInit() {
}

}
```

Ahora que hemos recibido las coordenadas desde la página inicio vamos a mostrarlas en el modal para comprobar que las recibimos correctamente, para ello vamos a editar el archivo **modal-nuevo-sitio.html** y añadimos un card con las coordenadas dentro de **ion-content**, aprovechamos también para cambiar el título de la página:

```
<ion-header>
  <ion-toolbar>
    <ion-title>Nuevo Sitio</ion-title>
  </ion-toolbar>
</ion-header>

<ion-content class="ion-padding">
  <ion-card>
    <ion-card-header>
      Localización actual
    </ion-card-header>
    <ion-card-content>
      <p><strong>lat:</strong>{{ lat }}<br/>
      <strong>lng:</strong>{{ lon }}</p>
    </ion-card-content>
  </ion-card>
</ion-content>
```

Como podéis observar hemos creado un componente **ion-card** que consta a su vez de un elemento **ion-card-header** donde ponemos como título *"Localización actual"*, y en **ion-car-content** pondremos el contenido que queremos mostrar, en este caso mostramos un elemento **<p>** donde mostramos el valor de las variables **lat** y **lon** que hemos definido en el controlador y que contendrán las coordenadas actuales.

Si probamos ahora muestra aplicación observamos que al pulsar el botón (FAB) que hemos creado para añadir sitios nos abre una ventana modal donde se muestran las coordenadas que acabamos de recibir, pero tenemos un pequeño problema, y es que no tenemos forma de cerrar el modal (en android pulsando el botón back), así que antes de editar cualquier otra cosa en la página vamos a crear un botón de cerrar.

Para cerrar el modal tenemos que importar en el controlador de la página del modal (**modal-nuevo-sitio.page.ts**) el controlador **ModalController** e inyectarlo en el constructor.

Luego creamos una función que vamos a llamar **cerrarModal** donde utilizaremos el método **dismiss** de **ModalController** para cerrarlo:

```
import { Component, OnInit } from '@angular/core';
import { ModalController } from '@ionic/angular';


@Component({
  selector: 'app-modal-nuevo-sitio',
  templateUrl: './modal-nuevo-sitio.page.html',
  styleUrls: ['./modal-nuevo-sitio.page.scss'],
})
export class ModalNuevoSitioPage implements OnInit {

  lat;
  lon;

  constructor(private modalCtrl : ModalController) { }

  ngOnInit() {
  }


  cerrarModal(){
```

```
      this.modalCtrl.dismiss();
  }


}
```

Ahora en la cabecera de la vista de la página del modal
(**modal-nuevo-sitio.page.html**) vamos a añadir el botón de cerrar que llamará a la
función **cerrarModal** que acabamos de crear:

```
<ion-header>
 <ion-toolbar>
   <ion-buttons slot="start">
     <ion-button text="" (click)="cerrarModal()"><ion-icon slot="icon-only"
name="arrow-back"></ion-icon></ion-button>
   </ion-buttons>
   <ion-title>Nuevo Sitio</ion-title>
 </ion-toolbar>
</ion-header>

<ion-content>
 <ion-card>
   <ion-card-header>
     Localización actual
   </ion-card-header>
   <ion-card-content>
     <p><strong>lat:</strong>{{ lat }}<br/>
     <strong>lng:</strong>{{ lon }}</p>
   </ion-card-content>
 </ion-card>
</ion-content>
```

Ahora ya tenemos un botón de cerrar para nuestro modal, si habéis seguido correctamente todos los pasos al pulsar sobre el FAV se abrirá nuestro modal como en la siguiente imagen:

Modal con las coordenadas

Creando el formulario

Vamos a seguir añadiendo elementos a la vista del modal. Además de las coordenadas queremos dar la posibilidad de tomar una foto del lugar y escribir anotaciones.

Para ello vamos a crear dentro del card, debajo de las coordenadas, un pequeño formulario donde habrá un botón para sacar una foto y un campo text-area para escribir una descripción del lugar.

Para gestionar los campos de un formulario podemos utilizar **Form Builder**, tal y como vimos en el capítulo **Formulario Reactivos,** sin embargo como en este caso solo vamos a tener el campo descripción, ya que la foto la guardaremos en una variable independiente al formulario podemos utilizar directamente un **FormControl** para el campo descripción.

El primer paso que debemos dar es importar **ReactiveFormsModule** en el módulo de la página donde vayamos a utilizar un formulario, en este caso en **modal-nuevo-sitio.module.ts**.

```
import { NgModule } from '@angular/core';
import { CommonModule } from '@angular/common';
import { FormsModule, ReactiveFormsModule } from '@angular/forms';

import { IonicModule } from '@ionic/angular';

import { ModalNuevoSitioPageRoutingModule } from
'./modal-nuevo-sitio-routing.module';

import { ModalNuevoSitioPage } from './modal-nuevo-sitio.page';

@NgModule({
  imports: [
    CommonModule,
    FormsModule,
    IonicModule,
    ModalNuevoSitioPageRoutingModule,
```

```
    ReactiveFormsModule
  ],
  declarations: [ModalNuevoSitioPage]
})
export class ModalNuevoSitioPageModule {}
```

Ahora en **modal-nuevo-sitio.page.ts** vamos a importar **FormControl** y **Validators** y vamos crear una instancia para un campo que en este caso llamaremos **description**:

```
import { Component, OnInit } from '@angular/core';
import { ModalController } from '@ionic/angular';
import { FormControl, Validators } from '@angular/forms';



@Component({
  selector: 'app-modal-nuevo-sitio',
  templateUrl: './modal-nuevo-sitio.page.html',
  styleUrls: ['./modal-nuevo-sitio.page.scss'],
})
export class ModalNuevoSitioPage implements OnInit {

  lat;
  lon;

  description = new FormControl('', Validators.required);

  constructor(private modalCtrl : ModalController) { }
```

Editamos de nuevo **modal-nuevo-sitio.page.html** y añadimos lo siguiente:

```
  <ion-header>
    <ion-toolbar>
      <ion-buttons slot="start">
        <ion-button text="" (click)="cerrarModal()"><ion-icon
slot="icon-only" name="arrow-back"></ion-icon></ion-button>
      </ion-buttons>
```

```html
    <ion-title>Nuevo Sitio</ion-title>
  </ion-toolbar>
</ion-header>

<ion-content class="ion-padding">
  <ion-card>
    <ion-card-header>
      Localización actual
    </ion-card-header>
    <ion-card-content>
      <p><strong>lat:</strong>{{ lat }}<br/>
      <strong>lng:</strong>{{ lon }}</p>
      <form (ngSubmit)="guardarSitio()">
        <div>
          <img [src]="preview" *ngIf="foto" />
        </div>
        <div class="ion-text-center">
          <ion-button type="button" (click)="sacarFoto()">
            Foto
            <ion-icon slot="start" name="camera"></ion-icon>
          </ion-button>
        </div>
        <ion-item>
          <ion-label position="floating">Description</ion-label>
          <ion-textarea [formControl]="description"></ion-textarea>
        </ion-item>
        <ion-button type="submit" [disabled]="!description.valid"
expand="block">
          Guardar Sitio
          <ion-icon slot="start" name="save"></ion-icon>
        </ion-button>
      </form>
    </ion-card-content>
  </ion-card>
</ion-content>
```

Como vemos a la etiqueta **form** le hemos añadido (**ngSubmit**), con esto le indicamos que cuando se ejecute el evento submit del formulario se ejecute la función **guardarSitio** definida en el controlador.

Después hemos añadido un div y dentro de este un elemento img donde vamos a mostrar la imagen con la fotografía que tomemos:

```
<div>
    <img [src]="preview" *ngIf="foto" />
</div>
```

Como parámetro **[src]** utilizamos la variable preview que definiremos más tarde.

Por otro lado con ***ngIf** le indicamos que solo se muestre la imagen si dicha variable **foto** tiene un valor, es decir que solo se mostrará una vez hayamos tomado la fotografía. La variable foto la definiremos después en el controlador.

Después tenemos otro div y dentro un botón que al pulsar llama a la función **sacarFoto** que más tarde definiremos en el controlador:

```
<div class="ion-text-center">
    <ion-button type="button" (click)="sacarFoto()">
        Foto
        <ion-icon slot="start" name="camera"></ion-icon>
    </ion-button>
</div>
```

Al div le hemos añadido la clase **ion-text-center** para que el botón quede centrado. El botón contiene elemento **ion-icon** que muestra el icono de la cámara. Con el atributo **slot="start"** indicamos que el icono se tiene que mostrar al principio, es decir en el lado izquierdo antes del texto "Foto".

Después tenemos un **ion-item** con un campo de tipo **ion-textarea** donde podremos introducir la descripción del sitio, y le indicamos que este campo utiliza el **formControl** description:

```
<ion-item>
  <ion-label position="floating">Description</ion-label>
  <ion-textarea [formControl]="description"></ion-textarea>
</ion-item>
```

Por último tenemos un botón de tipo submit para enviar el formulario, como al campo description le hemos aplicado el validador **required**, con `[disabled]="!description.valid"` hacemos que el botón esté deshabilitado hasta que instroduzcamos algo en el campo descipción. Recordad que cuando pulsemos en este botón se disparará el evento **ngSubmit** y por lo tanto se ejecutará la función **guardarSitio** tal y como hemos definido en la etiqueta **form**:

```
<ion-button type="submit" [disabled]="!description.valid" expand="block">
    Guardar Sitio
    <ion-icon slot="start" name="save"></ion-icon>
  </ion-button>
```

Utilizando la cámara

Ahora vamos a ver como sacar una foto para que se muestre en la etiqueta img que hemos creado:

Para este ejemplo vamos a utilizar Capacitor para aprender un poco mas como se utiliza, recuerda que podemos utilizar Apache Cordova o Capacitor, pero no los dos a la vez.

Lo primero que vamos a hacer es importar los plugins de capacitor y declarar el plugin Camera, también vamos a declarar las propiedades **foto** y **preview** que utilizamos en la plantilla para mostrar la imagen de la foto, para ello editamos el archivo **modal-nuevo-sitio.page.ts** y añadimos lo siguiente:

```typescript
import { Component, OnInit } from '@angular/core';
import { ModalController } from '@ionic/angular';
import { FormControl, Validators } from '@angular/forms';
import { Plugins, CameraResultType } from '@capacitor/core';

const { Camera } = Plugins;

@Component({
  selector: 'app-modal-nuevo-sitio',
  templateUrl: './modal-nuevo-sitio.page.html',
  styleUrls: ['./modal-nuevo-sitio.page.scss'],
})
export class ModalNuevoSitioPage implements OnInit {

  lat;
  lon;
  description = new FormControl('', Validators.required);

  foto;
  preview;
...
```

Ahora vamos a crear la función para **sacarFoto()** que se ejecutará al pulsar el botón FOTO y que nos permitirá sacar una foto con nuestro dispositivo.

Vamos a hacer que la foto se saque en formato base64 para poder mostrar el contenido de la foto directamente en una url sin necesidad de tener que guardar un archivo:

```
async sacarFoto(){
   try {
     const profilePicture = await Camera.getPhoto({
     quality: 50,
     height: 400,
     width: 600,
     allowEditing: false,
     resultType: CameraResultType.Base64,
     });

   } catch (error) {
     console.error(error);
   }
 }
```

Vamos a echar un vistazo a la función que acabamos de crear:

Utilizamos **try/catch** para poder recoger el error en caso de haber algún problema y actuar en consecuencia, en este caso simplemente mostraremos el error por consola.

Primero creamos una constante llamada **profilePicture** y le asignamos el resultado de ejecutar el método **getPhoto** de **Camera,** si todo ha ido bien guardará el contenido de la imagen que obtengamos al sacar la foto.

Al método **getPhoto** le pasamos como parámetro un objeto JSON con las opciones de configuración.

En este caso le decimos que tenga una calidad de 50 (sobre 100) con **quality: 50,** cuanta más calidad mayor memoria se necesitará para contener la foto, por lo que para este ejemplo vamos a bajar la calidad al 50%.

También le decimos que queremos que la foto tenga un tamaño de 400 pixeles de alto por 600 pixeles de ancho.

Después le indicamos que no se permita editar la foto con **allowEditing: false** y que devuelva la foto obtenida en formato base64 con **resultType: CameraResultType.Base64**.

Para saber más sobre las opciones disponibles para la api de Camera de Capacitor puedes ver la documentación oficial en este enlace: https://capacitor.ionicframework.com/docs/apis/camera

Si ejecutamos la aplicación ahora mismo en el navegador con **ionic serve** y mostramos la consola podemos observar que al pulsar en el botón FOTO no pasa nada y nos muestra un error en la consola similar a este:

ERROR Error: Uncaught (in promise): TypeError: cameraModal.present is not a function…

Algunos plugins de Capacitor, incluida la Cámara, proporcionan funcionalidades e interfaz de usuario basadas en web a través de la librería Ionic PWA Elements. Para instalar esta dependencia primero vamos a parar ejecución de ionic serve pulsando las teclas **Ctrl + c,** y escribimos el siguiente comando en la consola:

```
npm install @ionic/pwa-elements
```

Una vez instalado el paquete pwa-elements editamos **src/main.ts** y añadimos los siguiente:

```typescript
import { enableProdMode } from '@angular/core';
import { platformBrowserDynamic } from '@angular/platform-browser-dynamic';

import { AppModule } from './app/app.module';
import { environment } from './environments/environment';

import { defineCustomElements } from '@ionic/pwa-elements/loader';
defineCustomElements(window);

if (environment.production) {
  enableProdMode();
}
```

```
platformBrowserDynamic().bootstrapModule(AppModule)
 .catch(err => console.log(err));
```

Si ejecutamos ahora en el navegador nuestra aplicación (y tenemos webcam) vemos que a pulsar en el botón **FOTO** nos permitirá obtener una fotografía con la camara.

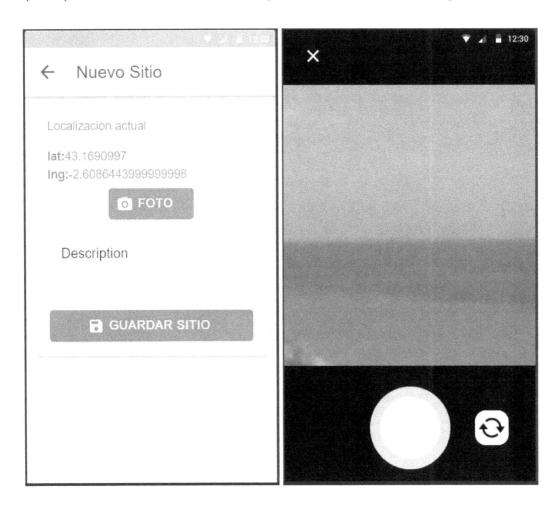

Al sacar la foto la imagen resultante se guardará en la constante **profilePicture**, sin embargo no podemos utilizar directamente el resultado obtenido en la constante profilePicture, Angular nos obliga a utilizar **DomSanitizer** para insertar urls de manera segura, de lo contrario al ejecutar la aplicación en el móvil es muy probable que no se muestre la foto.

Creando un Service

Como vamos a mostrar la foto en varios sitios en nuestra aplicación lo mejor es crearnos un servicio que nos devuelva la imagen aplicando DomSanitizer.

Los **services** son servicios que podemos utilizarlos para aquellas funciones que necesitamos utilizar en varios sitios de nuestra aplicación, evitando así tener que repetir código en las diferentes páginas.

Para crear un service acudimos una vez más a ionic generator con el comando **ionic g service.**

Vamos por lo tanto a crear un nuevo servicio al que vamos a llamar img escribiendo desde la consola el siguiente comando:

```
ionic g service services/img
```

Como siempre que creamos un servicio lo primero que tenemos que hacer es importarlo y declararlo como provider en **app.module.ts:**

```
import { NgModule } from '@angular/core';
import { BrowserModule } from '@angular/platform-browser';
import { RouteReuseStrategy } from '@angular/router';

import { IonicModule, IonicRouteStrategy } from '@ionic/angular';

import { AppRoutingModule } from './app-routing.module';
import { AppComponent } from './app.component';
import { ModalNuevoSitioPageModule } from
'./modal-nuevo-sitio/modal-nuevo-sitio.module';
```

```
import { ModalDetalleSitioPageModule  } from
'./modal-detalle-sitio/modal-detalle-sitio.module';

import { ImgService } from './services/img.service';
import { IonicStorageModule } from '@ionic/storage';


@NgModule({
 declarations: [AppComponent],
 entryComponents: [],
 imports: [
   BrowserModule,
   IonicModule.forRoot(),
   AppRoutingModule,
   ModalNuevoSitioPageModule,
   IonicStorageModule.forRoot(),
   ModalDetalleSitioPageModule
 ],
 providers: [
   { provide: RouteReuseStrategy, useClass: IonicRouteStrategy },
   ImgService
 ],
 bootstrap: [AppComponent]
})
export class AppModule {}
```

Ahora ya podemos editar el nuevo servicio que acabamos de crear (**img.service.ts**) para importar e inyectar en el constructor lo siguiente:

```
import { Injectable } from '@angular/core';
import { DomSanitizer, SafeResourceUrl } from '@angular/platform-browser';


@Injectable({
```

```
 providedIn: 'root'
})
export class ImgService {


 constructor(private sanitizer: DomSanitizer) { }
}
```

Vamos a crear un método en el servicio al que llamaremos **getImage** para aplicar el filtro **bypassSecurityTrustResourceUrl**:

```
import { Injectable } from '@angular/core';
import { DomSanitizer, SafeResourceUrl } from '@angular/platform-browser';


@Injectable({
 providedIn: 'root'
})
export class ImgService {


 constructor(private sanitizer: DomSanitizer) { }


 getImage(foto){
   return this.sanitizer.bypassSecurityTrustResourceUrl(foto);
 }


}
```

Ahora en **modal-nuevo-sitio.page.ts** importamos el servicio que acabamos de crear y lo inyectamos en el constructor:

```
import { Component, OnInit } from '@angular/core';
import { ModalController } from '@ionic/angular';
import { Plugins, CameraResultType } from '@capacitor/core';
import { ImgService } from '../services/img.service';
const { Camera } = Plugins;
```

```
@Component({
  selector: 'app-modal-nuevo-sitio',
  templateUrl: './modal-nuevo-sitio.page.html',
  styleUrls: ['./modal-nuevo-sitio.page.scss'],
})
export class ModalNuevoSitioPage implements OnInit {

  lat;
  lon;
  description;
  foto;
  preview;

constructor(
    private modalCtrl: ModalController,
    public img: ImgService
    ) { }

  ngOnInit() {
  }

  ...
```

Ahora vamos a asignar a la propiedad **foto** el contenido de **profilePicture** en formato en base64 añadiendole por delante '**data:image/png;base64,**' para indicar en la url que la imagen que vamos a mostrar es una imagen png en formato base64, y vamos a asignar a la propiedad preview el contenido de la foto llamando al método **getImage** del servicio **ImgService** para aplicarle el filtro que nos permita incluir con seguridad la foto como **src** de la imagen.

Por lo tanto la función **sacarFoto** quedará de esta manera:

```
async sacarFoto(): Promise<void> {
```

```
try {
  const profilePicture = await Camera.getPhoto({
  quality: 50,
  height: 400,
  width: 600,
  allowEditing: false,
  resultType: CameraResultType.Base64,
  });
  this.foto = 'data:image/png;base64,' + profilePicture.base64String;
  this.preview = this.img.getImage(this.foto);
} catch (error) {
  console.error(error);
}
}
```

Ahora ya podemos sacar una foto y está se mostrará en el formulario:

Probando nuestra aplicación misSitios en el móvil

Bien, hasta ahora hemos estado probando nuestra aplicación en el navegador, ha llegado la hora de probar nuestra aplicación en un dispositivo móvil.

Actualmente tenemos dos opciones para empaquetar nuestra aplicación y generar un archivo instalable en nuestro dispositivo móvil y publicarlo en las tiendas de aplicaciones.

Históricamente Ionic utilizaba Apache Cordova como puente para comunicar nuestra app con el hardware de nuestro dispositivo móvil a través de plugins y empaquetarla para convertirla en una aplicación "Nativa".
Apache cordova cuenta con infinidad de plugins y una gran comunidad detrás. Podemos seguir utilizando Apache cordova en nuestros desarrollos con ionic sin problema, al final del libro veremos cómo utilizar Apache Cordova.

Sin embargo el equipo de Ionic ha desarrollado otra alternativa llamada Capacitor. La utilizad de ambos es similar, en ambos casos se utiliza una webview para ejecutar nuestro código y se utilizan plugins para comunicarnos con funciones internas de nuestro dispositivo como por ejemplo la cámara.

Utilizar uno u otro dependerá de nuestras necesidades, apache cordova tiene una enorme colección de plugins, algunos son compatibles con Capacitor pero otros no. Con Capacitor sin embargo podemos generar aplicaciones para dispositivos IOS y Android, además también tiene soporte para PWAs e incluso aplicaciones de escritorio con Electron.

Como hemos creado la aplicación utilizando el flag **--capacitor** no necesitamos instalar Capacitor en nuestro proyecto ya que ya se ha instalado cuando hemos creado el proyecto.

En caso de no tener capacitor integrado en nuestro proyecto utilizaríamos el siguiente comando:

```
ionic integrations enable capacitor
```

Y tendríamos que iniciarlo utilizando:

```
npx cap init
```

Al inicializar el proyecto con el flag **--capacitor** se genera el archivo de configuración **capacitor.config.json**, vamos a editar este archivo para cambiar el **appId** que genera por defecto por uno más adecuado, en este caso vamos a cambiar **io.ionic.starter** por **com.libroionic.missitios**:

```json
{
 "appId": "com.libroionic.missitios",
 "appName": "misSitios",
 "bundledWebRuntime": false,
 "npmClient": "npm",
 "webDir": "www"
}
```

Antes de agregar las plataformas Android / iOS, necesitamos generar una compilación de nuestro proyecto, para ello desde el terminal utilizamos el siguiente comando:

```
ionic build
```

Este comando genera una compilación de desarrollo, si queremos generar una compilación para producción añadiremos **--prod** por detrás.
--prod generamos una compilación más optimizada para ejecutarse en producción, pero la compilación es más lenta por lo que te recomiendo ejecutar **ionic build** con el flag **--prod** solo cuando vayamos a generar una versión definitiva para no perder tiempo.

El siguiente paso es agregar las plataformas para las que queremos crear nuestra aplicación:

Ejecutar nuestra aplicación en un dispositivo android:

Lo primero que debemos hacer es es agregar la plataforma android a nuestro proyecto, para ello utilizamos el siguiente comando:

```
ionic cap add android
```

Ahora tenemos que copiar todo el código y contenido que se ejecuta en la webview con el siguiente comando.

```
ionic cap copy
```

Sincronizamos los cambios:

```
ionic cap sync
```

A diferencia de Cordova que nos permite ejecutar un proyecto directamente desde la consola, con Capacitor tienes que abrir el proyecto en Android Studio en caso de Android o en XCode en caso de IOS.

Para abrir nuestro proyecto en Android Studio ejecutamos el siguiente comando:

```
ionic cap open android
```

La primera vez que abramos nuestro proyecto en Android Studio tardará un rato en sincronizarse y estar listo para poder ejecutarse, debemos tener paciencia, las siguientes veces tardará menos.

A diferencia de apache cordova que en el momento de instalar un plugin podemos especificar las variables de configuración necesarias, con Capacitor debemos especificar a mano los permisos necesarios para cada plataforma.

Para poder acceder a las fotos que saquemos con la cámara en android debemos asegurarnos de que los siguientes permisos están incluidos en el archivo **AndroidManifest.xml** que encontraremos dentro de la carpeta **/android/app/src/main**:

```
<uses-permission android:name="android.permission.READ_EXTERNAL_STORAGE"/>
<uses-permission android:name="android.permission.WRITE_EXTERNAL_STORAGE"/>
```

Estos permisos son para leer/guardar los archivos de fotos.

Una vez que tenemos el proyecto abierto en Android Studio podemos ejecutar el proyecto desde el menú **Run -> Run 'app'**

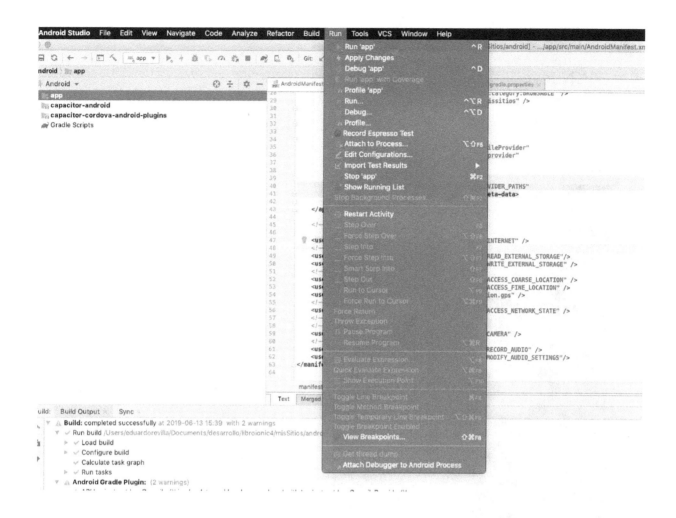

Para ejecutarlo en un dispositivo físico tendremos que conectar el móvil al ordenador a través de un cable usb y tener activada la depuración usb en nuestro dispositivo móvil.

Aquí podemos ver el resultado de nuestra aplicación corriendo en un dispositivo Android, como podemos observar mi gato se ha prestado una vez más voluntario a posar para la foto:

← Nuevo Sitio

Localización actual

lat:43.168939
lng: 2.6084428

📷 FOTO

Ejecutar nuestra aplicación en un dispositivo iOS:

Para añadir la plataforma IOS utilizamos el siguiente comando:

```
ionic cap add ios
```

Con el siguiente comando abriremos nuestro proyecto para iOS en XCode:

```
ionic cap open ios
```

Recuerda que para poder ejecutar nuestra aplicación en un dispositivo iOS debemos tener un Mac con XCode instalado.

Para poder ejecutar la aplicación en un dispositivo físico tenemos que seleccionar App project en la sección de la izquierda y en la sección signing en team seleccionar tu equipo de desarrollo.

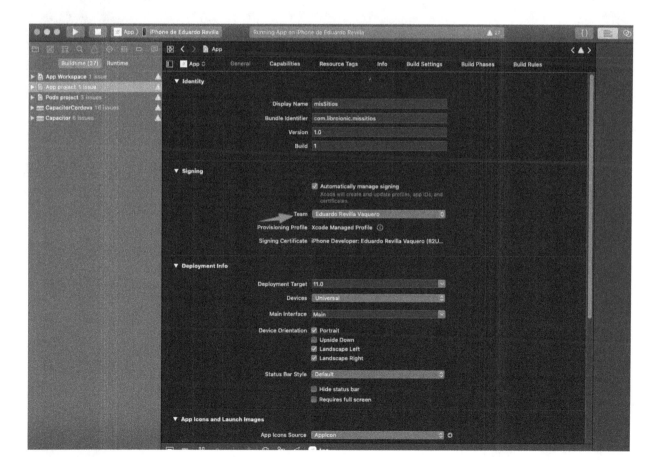

A continuación, para que el plugin de la cámara funcione, debemos configurar el permiso "Privacy - Camera Usage". iOS muestra un diálogo modal automáticamente después de la primera vez que se llama al método **Camera.getPhoto()**, lo que solicita al usuario que permita que la aplicación utilice la cámara. Para configurar esto, debemos modificar el archivo **Info.plist**. Para acceder a él, tenemos que hacer clic en la pestaña **Info** y luego expandir **Custom iOS Target Properties**.

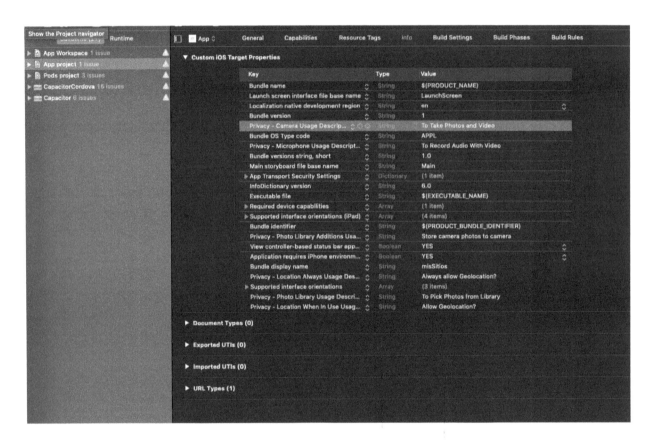

En este caso vemos que ya existe la clave **Privacy - Camera Usage Description,** podemos modificar el value o dejarlo como está.
Si no existiera deberíamos crear nosotros la clave.

Después debemos conectar nuestro iPhone o iPad al Mac con el cable usb y en el menú Product / Destination / Device seleccionar nuestro dispositivo.

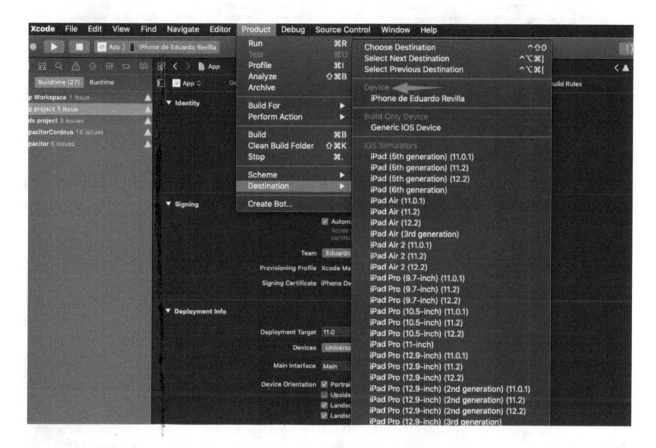

Si lo deseamos también podemos seleccionar uno de los simuladores de la lista de iOS Simulators para ver como se ve nuestra app en los diferentes dispositivos.

Por último solo nos queda ejecutar la aplicación, podemos hacerlo pulsando en el botón play (1) o desde el menú **Product / Run** (2) :

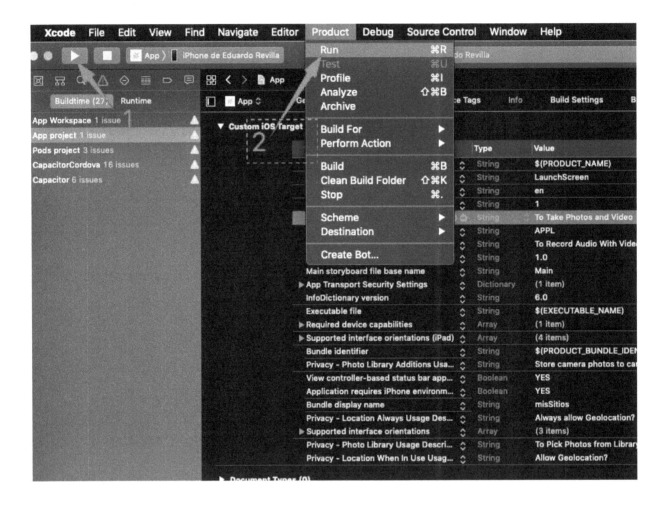

Guardando nuestros sitios en una base de datos local

Hasta ahora hemos obtenido la dirección a partir de las coordenadas, hemos creado el formulario para introducir la descripción del lugar y hemos aprendido a sacar fotografías con nuestro móvil, bien, todo esto nos vale de muy poco si cuando cerramos la aplicación perdemos toda esta información.

Para poder guardar nuestros sitios y que sigan allí para poder consultarlos siempre que queramos tenemos que almacenarlos en una base de datos local en el dispositivo.

Vamos a crear un servicio que se encargue de gestionar el almacenamiento de nuestros sitios.

Para crear un servicio para gestionar nuestra base de datos de sitios escribimos desde consola:

```
ionic g service services/db
```

Esto nos creará un archivo typescript con el nombre del proveedor que hemos creado, en este caso **db.ts** dentro de la carpeta **services**.

Por supuesto puedes dar el nombre que desees al service que acabamos que crear, no tiene porque ser "db".

Vamos a echar un vistazo al código que se ha generado por defecto en **db.ts**:

```typescript
import { Injectable } from '@angular/core';

@Injectable({
  providedIn: 'root'
})
export class DbService {
  constructor() { }
```

```
}
```

No hay mucho que contar por ahora, iremos creando aquí los métodos que necesitemos para guardar y obtener datos de la base de datos, de momento lo primero que necesitamos hacer es importar en **app.module.ts** el servicio que acabamos de crear y declararlo en la sección **providers**:

```typescript
import { NgModule } from '@angular/core';
import { BrowserModule } from '@angular/platform-browser';
import { RouteReuseStrategy } from '@angular/router';

import { IonicModule, IonicRouteStrategy } from '@ionic/angular';

import { AppRoutingModule } from './app-routing.module';
import { AppComponent } from './app.component';
import { ModalNuevoSitioPageModule } from 
'./modal-nuevo-sitio/modal-nuevo-sitio.module';
import { ImgService } from './services/img.service';
import { DbService } from './services/db.service';

@NgModule({
  declarations: [AppComponent],
  entryComponents: [],
  imports: [BrowserModule, IonicModule.forRoot(), AppRoutingModule,
ModalNuevoSitioPageModule],
  providers: [
    { provide: RouteReuseStrategy, useClass: IonicRouteStrategy },
    ImgService,
    DbService
  ],
  bootstrap: [AppComponent]
})
export class AppModule {}
```

Ionic storage

Ahora vamos a instalar **ionic storage** con el siguiente comando:

```
npm install --save @ionic/storage
```

Tal y como se menciona en la documentación Ionic, Ionic Storage es una forma fácil de almacenar pares de clave / valor y objetos JSON.
El almacenamiento utiliza una variedad de motores de almacenamiento por debajo, seleccionando el mejor disponible según la plataforma.

Cuando se ejecuta en un contexto de aplicación nativa, el almacenamiento priorizará el uso de SQLite, ya que es una de las bases de datos basadas en archivos más estables y más utilizadas, y evita problemas que pueden surgir al usar localstorage e IndexedDB, como por ejemplo que el sistema operativo puede eliminar datos si hay poco espacio en disco.

Cuando se ejecuta en la web o como una aplicación web progresiva, Storage intentará usar IndexedDB, WebSQL y localstorage, en ese orden.

Para poderlo utilizar tenemos que importarlo en **app.module.ts** y declararlo en los imports:

```
import { NgModule } from '@angular/core';

import { BrowserModule } from '@angular/platform-browser';

import { RouteReuseStrategy } from '@angular/router';


import { IonicModule, IonicRouteStrategy } from '@ionic/angular';


import { AppRoutingModule } from './app-routing.module';

import { AppComponent } from './app.component';
```

```typescript
import { ModalNuevoSitioPageModule } from
'./modal-nuevo-sitio/modal-nuevo-sitio.module';
import { ImgService } from './services/img.service';
import { DbService } from './services/db.service';
import { IonicStorageModule } from '@ionic/storage';



@NgModule({
  declarations: [AppComponent],
  entryComponents: [],
  imports: [BrowserModule, IonicModule.forRoot(), AppRoutingModule,
ModalNuevoSitioPageModule, IonicStorageModule.forRoot()],
  providers: [
    { provide: RouteReuseStrategy, useClass: IonicRouteStrategy },
    ImgService,
    DbService
  ],
  bootstrap: [AppComponent]
})
export class AppModule {}
```

Bién, ahora vamos a instalar el plugin **sqlite** ejecutando desde consola el siguiente comando:

```
npm install cordova-sqlite-storage --save
```

Para utilizar el Storage tenemos que importarlo e inyectarlo en el constructor en nuestro servicio, por lo tanto editamos el archivo **db.service.ts** y añadimos lo siguiente:

```
import { Injectable } from '@angular/core';
import { Storage } from '@ionic/storage';


@Injectable({
  providedIn: 'root'
})
export class DbService {
  constructor(private storage: Storage) { }
}
```

Ahora ya estamos listos para empezar a añadir los métodos que necesitamos para guardar los datos del formulario en la base en datos.

Antes de nada vamos a definir una variable miembro que contendrá un array con nuestros sitios, este array con toda la colección de sitios es el que se guardará en formato json en el storage:

```
...

export class DbService {


  arrSitios: any = [];


  constructor(private storage: Storage) { }

  ...
```

El primer método que necesitamos crear es uno para guardar nuestros sitios:

```
addSitio(sitio) {
    this.arrSitios.push(sitio);
    return this.storage.set('sitios', this.arrSitios);
}
```

En este método recibe un parámetro que será un objeto con los campos del sitio que hemos recogido en el formulario.

Con el método **push** añadimos el sitio al array **this.arrSitios**, y finalmente con el método **set** de storage le decimos que guarde todo el array con la clave 'sitios'.

Vamos a importar el service en la página donde vamos a utilizarlo, en este caso en **modal-nuevo-sitio.page.ts**, también debemos inyectarlo en el constructor :

```
import { Component, OnInit } from '@angular/core';
import { ModalController } from '@ionic/angular';
import { FormControl, Validators } from '@angular/forms';
import { Plugins, CameraResultType } from '@capacitor/core';
import { ImgService } from '../services/img.service';
import { DbService } from '../services/db.service';

const { Camera } = Plugins;

@Component({
    selector: 'app-modal-nuevo-sitio',
    templateUrl: './modal-nuevo-sitio.page.html',
    styleUrls: ['./modal-nuevo-sitio.page.scss'],
})
export class ModalNuevoSitioPage implements OnInit {

    lat;
    lon;

    description = new FormControl('', Validators.required);
```

```
foto;
preview;

constructor(
  private modalCtrl : ModalController,
  public img: ImgService,
  private db: DbService
) { }

...
```

Si recordamos, en la vista **modal-nuevo-sitio.page.html**, en el evento **ngSubmit** del formulario llamábamos a la función **guardarSitio()**.

Vamos a definir esta función en el controlador del modal en el archivo **modal-nuevo-sitio.page.ts**:

```
guardarSitio() {
    const sitio = {
      lat: this.lat,
      lng: this.lon ,
      description: this.description.value,
      foto: this.foto
    };
    this.db.addSitio(sitio).then((res)=>{
      this.cerrarModal();
      console.log('se ha introducido correctamente en la bd');
    }, (err) => {  console.log('error al meter en la bd ' + err); });
}
```

Bien, como podemos observar en el código lo que hacemos es crear un objeto llamado **sitio** al que le asignamos los valores que tenemos recogidos.

El valor de la descripción lo obtenemos con **this.description.value**, las coordenadas y la dirección ya las teníamos recogidas y la foto se le asigna a **this.foto** en el momento de sacarla.

Después llamamos al método **addSitio** que hemos definido en nuestro service pasándole como parámetro el objeto **sitio.**

Si todo ha ido bien cerramos el modal.

Bien, en este punto ya podemos guardar nuestros sitios en la base de datos, ahora nos toca poder extraer de la base de datos y mostrar un listado de los sitios que hemos guardado.

Para ello lo primero que vamos a hacer es crear un nuevo método en nuestro servicio para obtener los sitios que tenemos guardados en la base de datos, por lo tanto editamos el archivo **db.service.ts** y añadimos el método **getSitios**:

```
getSitios(){
    return this.storage.get('sitios');
}
```

Cada vez que guardamos un sitio nuevo añadimos este al array `this.arrSitios` y luego guardamos todo el array en la base de datos, sin embargo cada vez que abrimos nuestra aplicación este array está vacío, por lo cual tendremos que cargar los sitios que estén guardados en la base de datos.

Ha llegado el momento de mostrar nuestros sitios en la página donde mostraremos el listado, que en este caso será el tab2, así que editamos el archivo **tab2.page.ts** y vamos a importar e inyectar en el constructor del controlador de la página listado el servicio **DbService,** y tambien el servicio **ImgService** que luego usaremos para aplicar el filtro sanitize a la image. También vamos a crear una variable miembro llamada **sitios** de tipo any que contendrá un array con todos los sitios que tenemos guardados:

```
import { Component } from '@angular/core';
```

```typescript
import { DbService } from '../services/db.service';
import { ImgService } from '../services/img.service';

@Component({
  selector: 'app-tab2',
  templateUrl: 'tab2.page.html',
  styleUrls: ['tab2.page.scss']
})

export class Tab2Page{

  sitios: any = [];

  constructor(private db: DbService, public img: ImgService) {}

}
```

Ahora vamos a crear un método que obtenga el listado de sitios de la base de datos:

```
getSitios(){
    this.db.getSitios().then((res)=> {
      if(res)
      {
        console.log(res);
        this.sitios = [];
        // tslint:disable-next-line:prefer-for-of
        for(let i = 0; i < res.length; i++)
        {
          res[i].preview = this.img.getImage(res[i].foto);
          this.sitios.push(res[i]);
        }
      }
    });
 }
```

Este método llama a la función **getSitios** del service DbService.
Esta llamada nos devuelve un promesa, en el then recibimos **res**, que contiene un array con los sitios extraídos de la base de datos.

Empezamos asignándole a **this.sitios** un array vacío.
Después recorremos **res** con un bucle **for** para añadirle a cada elemento la propiedad preview, a la que asignaremos el valor de la foto aplicándole la función **getImage** del service ImgService que como sabemos nos permite insertar la imagen de manera segura en la plantilla.

Ahora necesitamos extraer nuestros sitios de la base de datos cuando accedemos a la página del listado, esta vez sin embargo no podemos ejecutar este proceso en **ngOnInit** que se ejecuta al iniciarse la página porque solo se lanza este evento una vez cuando se crea la página.

Nosotros necesitamos que se carguen y refresquen los nuevos sitios que hayamos podido introducir cada vez que accedemos al tab, por lo tanto vamos a utilizar el evento

ionViewWillEnter, que se ejecuta cuando la página está a punto de entrar y convertirse en la página activa.

ionViewWillEnter formaba parte del ciclo de vida de una página.

Por lo tanto en **tab2.page.ts** vamos a implementar el método **ionViewWillEnter** dentro de la clase **Tab2Page** de la siguiente manera:

```typescript
import { Component } from '@angular/core';
import { DbService } from '../services/db.service';
import { ImgService } from '../services/img.service';


@Component({
  selector: 'app-tab2',
  templateUrl: 'tab2.page.html',
  styleUrls: ['tab2.page.scss']
})


export class Tab2Page{


  sitios: any = [];


  constructor(private db: DbService, public img: ImgService) {}


  ionViewWillEnter() {
    this.getSitios();
  }
...
```

Dentro de ionViewWillEnter hacemos una llamada al método **getSitios** que acabamos de crear.

Ahora solo nos queda mostrarlos en el listado:

Vamos a editar la vista del tab2, para ello abrimos el archivo **tab2.page.html**, borramos el texto provisional que teníamos y lo dejamos de la siguiente manera:

```html
<ion-header>
  <ion-toolbar>
    <ion-title>
      Listado
    </ion-title>
  </ion-toolbar>
</ion-header>
  <ion-content>
  <ion-list>
    <ion-item *ngFor="let sitio of sitios">
      <ion-thumbnail slot="start">
        <img [src]="sitio.preview">
      </ion-thumbnail>
      <ion-label>{{ sitio.description }}</ion-label>
    </ion-item>
  </ion-list>
</ion-content>
```

Como vemos dentro de **ion-content** hemos creado un elemento **ion-list**, después con ***ngFor** recorremos nuestro array de sitios creando un elemento **ion-item** por cada iteración.

Con **ion-thumbnail** mostramos una miniatura de la foto del sitio que estará contenida en **sitio.preview**, después mostramos la la descripción con un **ion-label**.

Como veis no tiene mayor dificultad. Si queréis saber más sobre el componente **ion-list** y sus posibilidades podéis consultar la documentación oficial siguiendo este enlace:

https://ionicframework.com/docs/api/list

Si todo ha ido bien la pantalla listado debería tener un aspecto similar a este:

Mostrar el detalle del sitio

Vamos a mostrar el detalle del sitio al pulsar sobre él en el listado. La idea es que nos muestre las coordenadas, la foto y la descripción que hayamos introducido, además vamos a añadir un botón de "Como llegar" para que abra el navegador gps del móvil con la dirección hacia dicho sitio. Ya no volveremos a olvidar donde hemos aparcado el coche, o podremos recordar cómo volver a ese restaurante que tanto nos gustó.

Lo primero que tenemos que hacer es crear un nuevo modal con ionic generator:

```
ionic g page modalDetalleSitio
```

Como ya vimos cuando creamos el modal nuevo sitio, cuando creamos una nueva página Ionic por defecto genera una ruta en **app-routing.module.ts**, en este caso como los modales no forman parte de la pila de navegación vamos a eliminar esta ruta que se ha creado:

```
import { NgModule } from '@angular/core';
import { PreloadAllModules, RouterModule, Routes } from '@angular/router';


const routes: Routes = [
 { path: '', loadChildren: './tabs/tabs.module#TabsPageModule' },
 { path: 'modal-detalle-sitio', loadChildren:
'./modal-detalle-sitio/modal-detalle-sitio.module#ModalDetalleSitioPageModule
' }// Debemos eliminar esta línea
,
];
@NgModule({
 imports: [
   RouterModule.forRoot(routes, { preloadingStrategy: PreloadAllModules })
 ],
 exports: [RouterModule]
})
export class AppRoutingModule {}
```

Ahora en **tab2.page.ts** debemos importar el componente **ModalController** de la librería **ionic-angular**, por lo tanto añadimos el siguiente import:

```
import { ModalController } from '@ionic/angular';
```

Debemos inyectar también en el constructor el componente **ModalController** al que hemos llamado **modalCtrl:**

```
...

export class Tab2Page{

  sitios: any;

  constructor(private db: DbService, public img: ImgService, public modalCtrl:
ModalController) {}

  ...
```

Ahora debemos importar la página **ModalDetalleSitioPage** que acabamos de crear:

```
import { ModalDetalleSitioPage } from
'../modal-detalle-sitio/modal-detalle-sitio.page';
```

Y por último tenemos que importar y declarar en los imports el módulo de la página **ModalDetalleSitioPageModule** en **app.module.ts:**

```
import { NgModule } from '@angular/core';
import { BrowserModule } from '@angular/platform-browser';
import { RouteReuseStrategy } from '@angular/router';
```

```typescript
import { IonicModule, IonicRouteStrategy } from '@ionic/angular';

import { AppRoutingModule } from './app-routing.module';
import { AppComponent } from './app.component';
import { ModalNuevoSitioPageModule } from
'./modal-nuevo-sitio/modal-nuevo-sitio.module';
import { ModalDetalleSitioPageModule } from
'./modal-detalle-sitio/modal-detalle-sitio.module';
import { ImgService } from './services/img.service';
import { DbService } from './services/db.service';
import { IonicStorageModule } from '@ionic/storage';


@NgModule({
  declarations: [AppComponent],
  entryComponents: [],
  imports: [
    BrowserModule,
    IonicModule.forRoot(),
    AppRoutingModule,
    ModalNuevoSitioPageModule,
    IonicStorageModule.forRoot(),
    ModalDetalleSitioPageModule
  ],
  providers: [
    { provide: RouteReuseStrategy, useClass: IonicRouteStrategy },
    ImgService,
    DbService,
  ],
  bootstrap: [AppComponent]
})
export class AppModule {}
```

Vamos a modificar el listado para que al pulsar sobre un sitio de la lista se abra el modal pasandole el ítem del sitio seleccionado, pero para poder saber después cuál es el elemento del array sitios que vamos a modificar necesitamos saber también su índice en el array, por ello debemos hacer una pequeña modificación en el *ngFor para obtener este indice, por lo tanto editamos **tab2.page.html** y añadimos lo siguiente:

```
<ion-header>
 <ion-toolbar>
   <ion-title>
     Listado
   </ion-title>
 </ion-toolbar>
</ion-header>
 <ion-content>
 <ion-list>
   <ion-item *ngFor="let sitio of sitios; let i = index"
(click)="muestraSitio(sitio, i)">
     <ion-thumbnail slot="start">
       <img [src]="sitio.preview">
     </ion-thumbnail>
     <ion-label>{{ sitio.description }}</ion-label>
   </ion-item>
 </ion-list>
</ion-content>
```

Con esto llamamos al método **muestraSitio** que a continuación vamos a definir en el controlador **tab2.page.ts** y le pasamos como parámetro el sitio sobre el que se ha hecho click y su índice.

Ahora ya podemos crear un método en **tab2.page.ts** para abrir el modal que acabamos de crear pasándole como parámetro el sitio que queremos mostrar y su índice:

```
muestraSitio(item, i){
   this.modalCtrl.create({
```

```
        component: ModalDetalleSitioPage,
        componentProps: { sitio: item, ind : i }
    }).then((modal) => {
        modal.onDidDismiss().then(() => {
            // se ejecuta al cerrar
            this.getSitios();
        });


        modal.present();


    });
  }
```

Cuando cerramos el modal volvemos a llamar a **getSitios** para que se refresque el listado y se refleje si hacemos algún cambio cuando más adelante añadamos la opción de editar los sitios.

Ahora vamos a editar el archivo **modal-detalle-sitio.page.ts** y vamos a importar e inyectar en el constructor el elemento **ModalController** que lo utilizaremos para poder cerrar el modal:

```
import { Component, OnInit } from '@angular/core';
import { ModalController } from '@ionic/angular';


@Component({
  selector: 'app-modal-detalle-sitio',
  templateUrl: './modal-detalle-sitio.page.html',
  styleUrls: ['./modal-detalle-sitio.page.scss'],
})
export class ModalDetalleSitioPage implements OnInit {


  constructor(private modalCtrl: ModalController) { }


  ngOnInit() {
```

```
    }

}
```

Vamos a crear también una función para cerrar el modal a la que luego llamaremos desde el botón de cerrar de la vista:

```
cerrarModal(){
    this.modalCtrl.dismiss();
}
```

Ahora vamos a crear una variable miembro llamada **sitio** y otra llamada **ind** de tipo any dónde vamos a guardar el objeto con los datos del sitio y su índice que recibimos al abrir el modal desde la página listado:

```
...
export class ModalDetalleSitioPage implements OnInit {

    sitio: any;
    ind: number;

    constructor(private modalCtrl: ModalController) { }

    ngOnInit() {
    }
...
```

Ahora vamos a asignar a **sitio.preview** la foto aplicandole la función **getImage()** del servicio **ImgService**, que como vimos lo utilizamos para aplicar un sanitize y que no dé problemas al ejecutarlo en algunos dispositivos.

Para poder utilizar el servicio primero debemos importarlo e inyectarlo en el constructor:

```typescript
import { Component, OnInit } from '@angular/core';
import { ModalController } from '@ionic/angular';
import { ImgService } from '../services/img.service';

@Component({
  selector: 'app-modal-detalle-sitio',
  templateUrl: './modal-detalle-sitio.page.html',
  styleUrls: ['./modal-detalle-sitio.page.scss'],
})
export class ModalDetalleSitioPage implements OnInit {

  sitio: any;
  ind: number;

  constructor(
    private modalCtrl: ModalController,
    public img: ImgService,
  ) { }
...
```

Por último en **ngOnInit** añadimos lo siguiente:

```typescript
ngOnInit() {
  this.sitio.preview = this.img.getImage(this.sitio.foto);
}
```

Ahora ya estamos listos para poder mostrar los datos del sitio el la vista, así que editamos el archivo **modal-detalle-sitio.page.html** e introducimos el siguiente código:

```html
<ion-header>
  <ion-toolbar>
    <ion-buttons slot="start">
```

```html
        <ion-button text="" (click)="cerrarModal()"><ion-icon
slot="icon-only" name="arrow-back"></ion-icon></ion-button>
      </ion-buttons>
    <ion-title>Detalle del sitio</ion-title>
  </ion-toolbar>
</ion-header>


<ion-content>
  <ion-card>
      <img [src]="sitio.preview" *ngIf="sitio.foto" />
      <ion-card-content>
        <div class="ion-text-center">
          <ion-chip>
              <ion-icon name="pin"></ion-icon>
              <ion-label>{{ sitio.lat}}, {{ sitio.lng }}</ion-label>
          </ion-chip>
        </div>
        <p class="descripcion">{{ sitio.description }}</p>
        <div class="ion-text-center">
          <ion-button type="submit" expand="block" (click)="comoLlegar()">
            Cómo llegar
          <ion-icon slot="start" name="navigate"></ion-icon>
          </ion-button>
        </div>
      </ion-card-content>
  </ion-card>
</ion-content>
```

Lo primero que añadimos es el botón para cerrar el modal, para ello le indicamos que
en el evento **click** llame a la función **cerrarModal** que hemos definido en el controlador.

Lo siguiente que hemos hecho es cambiar el título del modal a "Detalle de Sitio".

Después dentro de **ion-content** creamos un elemento **ion-card** y dentro mostramos la foto solo si existe con el condicional ***ngIf.**

Para mostrar la foto vamos a utilizar el atributo **preview** con el método getImage del servicio **ImgService** aplicado.

Después dentro de **ion-card-content** hemos creado un div con la clase **ion-text-center** para centrar el contenido.

Dentro del div tenemos un componente de ionic llamado **ion-chip**.

Los chips representan entidades complejas en pequeños bloques, como un contacto. Un chip puede contener varios elementos diferentes, como avatares, texto e iconos.

En este caso lo vamos a utilizar para mostrar un icono de localización (pin) y las coordenadas del sitio:

```
<ion-chip>
    <ion-icon name="pin"></ion-icon>
    <ion-label>{{ sitio.lat}}, {{ sitio.lng }}</ion-label>
</ion-chip>
```

El chip es en definitiva un pequeño contenedor con los bordes redondeados que tendrá un aspecto similar a este:

```
43.1691564, -2.6084654
```

Después tenemos una etiqueta **p** donde mostraremos la descripción.

```
<p class="description">{{ sitio.description }}</p>
```

A la etiqueta **p** le hemos añadido la clase **description** para darle un poco de estilo.

Le vamos a dejar un poco de margen para que nos salga pegado a la imagen y al botón de abajo, también vamos a hacer que el tamaño del texto sea un poco más grande, por lo tanto vamos a editar el archivo **modal-detalle-sitio.page.scss** y añadimos lo siguiente:

```
.descripcion{
    padding: 20px 10px;
    font-size: 1.5em;
}
```

Volviendo al código html que hemos creado en **modal-detalle-sitio.page.html** en último lugar hemos creado un botón con un icono de tipo navigate dentro de un elemento **div** al que hemos añadido la clase **ion-text-center** para conseguir que el botón se muestre centrado:

```
<div class="ion-text-center">
  <ion-button type="submit" expand="block" (click)="comoLlegar()">
    Cómo llegar
    <ion-icon slot="start" name="navigate"></ion-icon>
  </ion-button>
</div>
```

Como podemos observar en el evento click del botón llamamos a la función **comoLlegar()**.

La idea es que cuando pulsemos en el botón nos abra el navegador gps que tengamos instalado por defecto en el móvil para indicarnos la ruta a seguir para llegar al lugar.

Vamos a crear la función **comoLlegar** en el controlador:

```
comoLlegar() {

  const destino = this.sitio.lat + ', ' + this.sitio.lng;

  const device = navigator.userAgent;
```

```javascript
let url = 'http://maps.google.com?daddr=' + destino;

if (device.match(/Iphone/i) || device.match(/iPhone|iPad|iPod/i)) {
        // iOs
        url = 'http://maps.apple.com/maps?saddr=Current%20Location&daddr=' +
destino;
    } else if (device.match(/Android/i)) {
        // Android
        url = 'geo:0,0?q=' + destino;
    }



 window.open(url, '_system', 'location=yes');


}
```

Esta función no tiene que ver mucho con ionic, así que si no la entiendes a simple vista no te preocupes demasiado, simplemente es una función que abre el navegador gps por defecto del dispositivo o abre una ventana nueva con google maps centrado en las coordenadas de nuestro sitio en caso de que lo estemos ejecutando desde el navegador.

En la constante **destino** guardamos las coordenadas de nuestro sitio separadas por una coma.

Luego en **device** guardamos **navigator.userAgent** que contiene la información del navegador o webview donde se está ejecutando.

Por defecto la url a la que vamos a llamar es:

```javascript
let url = 'http://maps.google.com?daddr=' + destino;
```

Esto nos llevará a un mapa de google maps.

Utilizamos **device.match** para saber si se está ejecutando en un dispositivo Android o iOS.

Si es iOS le asigna la siguiente url:

```
url = 'http://maps.apple.com/maps?saddr=Current%20Location&daddr=' + destino;
```

Y si es Android:

```
url = 'geo:0,0?q=' + destino;
```

Esto hará que se abra el navegador gps por defecto que esté instalado en el móvil.

Por último con **window.open** hacemos que se abrá la url correspondiente.

```
window.open(url, '_system', 'location=yes');
```

Con '_system' le decimos que queremos que no queremos que la url se muestre dentro de nuestra aplicación sino que llama a la aplicación que corresponda para ejecutar la url.

Si ejecutamos nuestra aplicación en en móvil obtendremos algo como esto al entrar en el detalle de un sitio de la lista:

Modal detalle del sitio

Ya podemos guardar nuestros sitios favoritos, o recordar dónde hemos aparcado el coche por ejemplo, podemos mostrar los sitios que hemos guardado y podemos abrir el navegador gps para poder llegar hasta el lugar.

Modificar nuestros sitios

Vamos seguir desarrollando la app para poder modificar los sitios que tenemos guardados.

Lo primero que vamos a hacer es crear una variable miembro a la que vamos a llamar **edit** y que será del tipo **boolean** en el controlador del modal **modal-detalle-sitio.page.ts** por lo que la añadimos debajo de la variable **sitio** que ya teníamos definida:

```
...
export class ModalDetalleSitioPage implements OnInit {


  sitio: any;
  ind: number;
  edit = false;


  constructor(private modalCtrl: ModalController) { }
...
```

Al inicializar la variable edit con el valor false no es necesario especificar que **edit** es de tipo **booloean,** typescript ya lo deduce por el tipo del valor asignado.

Esta variable nos servirá para mostrar u ocultar el formulario de edición del sitio en función de si vale true o false. De inicio la ponemos a false para que no se muestre el formulario hasta que pulsemos en el botón editar.

Bien, ahora vamos a modificar la vista para añadir el formulario y el botón de editar.

El formulario será muy parecido al que pusimos en la vista del modal nuevo-sitio.

Editamos el archivo **modal-detalle-sitio.page.html** y añadimos el siguiente código resaltado:

```
<ion-header>
  <ion-toolbar>
    <ion-buttons slot="start">
        <ion-button text="" (click)="cerrarModal()"><ion-icon
slot="icon-only" name="arrow-back"></ion-icon></ion-button>
    </ion-buttons>
    <ion-title>Detalle del sitio</ion-title>
  </ion-toolbar>
 </ion-header>


<ion-content>
  <ion-card *ngIf="!edit">
    <img [src]="sitio.preview" *ngIf="sitio.foto" />
    <ion-card-content>
      <div class="ion-text-center">
        <ion-chip>
          <ion-icon name="pin"></ion-icon>
          <ion-label>{{ sitio.lat}}, {{ sitio.lng }}</ion-label>
        </ion-chip>
      </div>
      <p class="descripcion">{{ sitio.description }}</p>
      <div class="ion-text-center">
        <ion-button type="submit" expand="block" (click)="comoLlegar()">
          Cómo llegar
        <ion-icon slot="start" name="navigate"></ion-icon>
        </ion-button>
      </div>
      <div class="ion-text-center">
        <ion-button type="submit" expand="block" (click)="editar()">
          Editar
        <ion-icon slot="start" name="create"></ion-icon>
        </ion-button>
      </div>
    </ion-card-content>
  </ion-card>
  <ion-card *ngIf="!edit">
```

```html
<ion-card-header>
   Localización
</ion-card-header>
<ion-card-content>
    <p><strong>lat:</strong>{{ sitio.lat }}<br/>
    <strong>lng:</strong>{{ sitio.lng }}</p>
    <form (ngSubmit)="guardarSitio()">
    <div>
       <img [src]="sitio.preview" *ngIf="sitio.foto" />
    </div>
    <div class="ion-text-center">
    <ion-button type="button" (click)="sacarFoto()">
       Foto  
       <ion-icon slot="start" name="camera"></ion-icon>
    </ion-button>
    </div>
    <ion-item>
       <ion-label position="floating">Description</ion-label>
       <ion-textarea [formControl]="description"></ion-textarea>
    </ion-item>
    <ion-button type="submit" [disabled]="!description.valid"
expand="block">
       Actualizar Sitio
       <ion-icon slot="start" name="save"></ion-icon>
    </ion-button>
    </form>
</ion-card-content>
</ion-card>
</ion-content>
```

Vayamos por partes:

En primer lugar al ion-card que ya teníamos y que muestra los datos del sitio le hemos añadido ***ngIf="!edit"**, con esto le indicamos que solo se muestre si la variable edit está a false, es decir cuando no se está editando:

```
<ion-card *ngIf="!edit">
```

Después debajo del botón "Como llegar" hemos creado otro div donde mostramos el botón Editar, en el evento click del botón editar llamamos a la función **editar()** que posteriormente definiremos en el controlador, aunque ya adelanto que simplemente cambiará el valor de la variable **edit** a **true:**

```
<div class="ion-text-center">
   <ion-button type="submit" expand="block" (click)="editar()">
     Editar
     <ion-icon slot="start" name="create"></ion-icon>
   </ion-button>
</div>
```

Después hemos añadido otro elemento **ion-card** al que le hemos puesto la directiva condicional ***ngIf="edit"**, al contrario que el card anterior se mostrará cuando la variable **edit** valga true, es decir, que dependiendo del valor de edit se mostrará una cosa o la otra.

```
<ion-card *ngIf="edit">
```

Después dentro de **ion-card-content** hemos creado un formulario para editar los campos modificables del sitio, en este caso la descripción y la foto.

En el evento **(ngSubmit)** del formulario llamamos a la función **guardarSitio()** que definiremos después en el controlador:

```
<form (ngSubmit)="guardarSitio()">
```

Al igual que teníamos en el formulario del modal nuevo sitio, tenemos una imagen que mostramos solo si la variable sitio.foto contiene algún valor (*ngIf="sitio.foto):

```
<img [src]="sitio.preview" *ngIf="sitio.foto" />
```

Después tenemos el botón para sacar una nueva foto:

```
<div class="ion-text-center">
  <ion-button type="button" (click)="sacarFoto()">
    Foto  
    <ion-icon slot="start" name="camera"></ion-icon>
  </ion-button>
</div>
```

Al pulsar en el botón se llamará a la función **sacarFoto** que deberemos definir en el controlador.

Después tenemos otro item con el text-area para modificar la descripción del sitio:

```
<ion-item>
  <ion-label position="floating">Description</ion-label>
  <ion-textarea [formControl]="description"></ion-textarea>
</ion-item>
```

Por último antes de cerrar el form tenemos un botón para guardar los cambios:

```
<ion-button type="submit" expand="block">
  Actualizar Sitio
  <ion-icon slot="start" name="save"></ion-icon>
</ion-button>
```

Recordad que al pulsar el botón se lanzará el formulario que en el evento submit llama a la función **guardarSitio()**.

Bien, ahora que ya tenemos preparada la vista tenemos que definir en el controlador en **FormControl** para el campo **description** y todos los métodos que vamos a necesitar por lo que vamos a editar el archivo **modal-detalle-sitio.page.ts**.

Lo primero de todo vamos a crear un FormControl para el campo description, para ello al igual que hicimos en el modal nuevo sitio necesitamos incluir ReactiveFormsModule

en el módulo de la página, por lo tanto editamos **modal-detalle-sitio.module.ts** y
añadimos lo siguiente:

```typescript
import { NgModule } from '@angular/core';
import { CommonModule } from '@angular/common';
import { FormsModule, ReactiveFormsModule } from '@angular/forms';

import { IonicModule } from '@ionic/angular';

import { ModalDetalleSitioPageRoutingModule } from 
'./modal-detalle-sitio-routing.module';

import { ModalDetalleSitioPage } from './modal-detalle-sitio.page';

@NgModule({
  imports: [
    CommonModule,
    FormsModule,
    ReactiveFormsModule,
    IonicModule,
    ModalDetalleSitioPageRoutingModule
  ],
  declarations: [ModalDetalleSitioPage]
})
export class ModalDetalleSitioPageModule {}
```

Ahora en **modal-detalle-sitio.page.ts** vamos a importar FormControl y Validators y a
definir el campo description del tipo FromControl:

```typescript
import { Component, OnInit } from '@angular/core';
import { ModalController } from '@ionic/angular';
import { ImgService } from '../services/img.service';
import { FormControl, Validators } from '@angular/forms';

@Component({
```

```
  selector: 'app-modal-detalle-sitio',
  templateUrl: './modal-detalle-sitio.page.html',
  styleUrls: ['./modal-detalle-sitio.page.scss'],
})
export class ModalDetalleSitioPage implements OnInit {

  sitio: any;
  ind: number;
  edit = false;

  description: FormControl;

  ...
```

En **ngOnInit** creamos el FormControl description asignandole como valor inicial la descripción del sitio contenida en el campo **this.sitio.description**:

```
ngOnInit() {
    this.sitio.preview = this.img.getImage(this.sitio.foto);
    this.description= new FormControl(this.sitio.description,
Validators.required);
  }
```

Al igual que en el modal para los sitios nuevos, necesitamos el plugin Camera para poder cambiar la imagen si se quiere, y tambien debemos importar el provider **db.ts** que tenemos creado para gestionar la base de datos, por lo tanto vamos a editar el archivo **modal-detalle-sitio.page.ts** y vamos a añadir el siguiente código:

```
import { Component, OnInit } from '@angular/core';
import { ModalController } from '@ionic/angular';
import { ImgService } from '../services/img.service';
import { FormControl, Validators } from '@angular/forms';
import { Plugins, CameraResultType } from '@capacitor/core';
import { DbService } from '../services/db.service';
const { Camera } = Plugins;
```

```typescript
@Component({
  selector: 'app-modal-detalle-sitio',
  templateUrl: './modal-detalle-sitio.page.html',
  styleUrls: ['./modal-detalle-sitio.page.scss'],
})
export class ModalDetalleSitioPage implements OnInit {

  sitio: any;
  ind: number;
  edit = false;

  description: FormControl;

  constructor(
    private modalCtrl: ModalController,
    public img: ImgService,
    private db: DbService
    ) { }

...
```

Bien, ahora vamos a definir la función **editar** que se ejecuta al pulsar el botón editar, como podemos observar simplemente cambia la variable **this.edit** a true:

```typescript
editar(){
  this.edit = true;
}
```

Si ejecutáis ahora la aplicación en el móvil veréis que al pulsar sobre el botón editar desaparece el card con los datos y aparece el pequeño formulario para cambiar la foto y la descripción. Evidentemente no podemos tomar una nueva foto ni guardar los cambios ya que todavía no hemos definido estas funciones en el controlador, por lo tanto vamos a definir ahora la función **sacarFoto()**:

```
async sacarFoto(){
  try {
    const profilePicture = await Camera.getPhoto({
    quality: 50,
    height: 400,
    width: 600,
    allowEditing: false,
    resultType: CameraResultType.Base64,
    });
    this.sitio.foto = 'data:image/png;base64,' +
profilePicture.base64String;
    this.sitio.preview = this.img.getImage(this.sitio.foto);
  } catch (error) {
    console.error(error);
  }
}
```

Como podéis observar esta función es exactamente igual que la que definimos en el modal nuevo sitio, la única diferencia es que la foto resultante se la asignamos a la variable **this.sitio.foto** en lugar de a **this.foto**.

Por último necesitamos guardar los cambios en la base de datos así que vamos a definir el método **guardarSitio()** que se ejecuta al lanzar el formulario con el botón "Actualizar Sitio":

```
guardarSitio() {
  this.sitio.description = this.description.value;
  this.db.modificaSitio(this.sitio, this.ind).then((res) => {
    this.edit = false;
    console.log('se ha introducido correctamente en la bd');
  }, (err) => { console.log('error al meter en la bd ' + err); });
}
```

En este método primero asignamos a **this.sitio.description** en valor del FormControl description, después llamamos a una función del servicio **db** llamada **modificaSitio** que aún no hemos creado pasandole el sitio y el índice, si todo ha ido bien nos devolverá una promesa, al ejecutar la promesa ponemos la variable **this.edit** a false para que se oculte el formulario y se vuelva a mostrar la información del sitio.

Nos quedaría crear la función **modificaSitio** en el servicio para guardar las modificaciones en la base de datos, por lo tanto vamos a editar el archivo **db.service.ts** que se encuentra en la carpeta **services** y vamos a añadir la siguiente función:

```
modificaSitio(sitio, ind) {
    this.arrSitios[ind] = sitio;
    return this.storage.set('sitios', this.arrSitios);
}
```

Lo que hacemos en este método es asignar el contenido del sitio que recibimos como parámetro a la posición del array **this.arrSitios** que se indica en el parámetro **ind**.

Por último simplemente tenemos que guardar de nuevo en el storage el contenido de todo el array **this.arrSitios**.

Vamos a ver a continuación el código completo hasta el momento del provider **db.service.ts:**

```
import { Injectable } from '@angular/core';
import { Storage } from '@ionic/storage';

@Injectable({
  providedIn: 'root'
})
export class DbService {

  arrSitios: any = [];

  constructor(private storage: Storage) { }
```

```
  addSitio(sitio) {
    this.arrSitios.push(sitio);
    return this.storage.set('sitios', this.arrSitios);
  }


  getSitios(){
    return this.storage.get('sitios');
  }


  modificaSitio(sitio, ind) {
    this.arrSitios[ind] = sitio;
    return this.storage.set('sitios', this.arrSitios);
  }


}
```

Y a continuación veamos cómo tiene que quedar el archivo
modal-detalle-sitio.page.ts:

```
import { Component, OnInit } from '@angular/core';
import { ModalController } from '@ionic/angular';
import { ImgService } from '../services/img.service';
import { FormControl, Validators } from '@angular/forms';
import { Plugins, CameraResultType } from '@capacitor/core';
import { DbService } from '../services/db.service';
const { Camera } = Plugins;


@Component({
  selector: 'app-modal-detalle-sitio',
  templateUrl: './modal-detalle-sitio.page.html',
  styleUrls: ['./modal-detalle-sitio.page.scss'],
})
export class ModalDetalleSitioPage implements OnInit {

  sitio: any;
```

```typescript
  ind: number;
  edit = false;

  description: FormControl;

  constructor(
      private modalCtrl: ModalController,
      public img: ImgService,
      private db: DbService
      ) { }

  ngOnInit() {
      this.sitio.preview = this.img.getImage(this.sitio.foto);
      this.description= new FormControl(this.sitio.description,
Validators.required);
  }

  cerrarModal(){
      this.modalCtrl.dismiss();
  }

  comoLlegar() {

    const destino = this.sitio.lat + ', ' + this.sitio.lng;

    const device = navigator.userAgent;

    let url = 'http://maps.google.com?daddr=' + destino;

    if (device.match(/Iphone/i) || device.match(/iPhone|iPad|iPod/i)) {
          // iOs
          url =
'http://maps.apple.com/maps?saddr=Current%20Location&daddr=' + destino;
      } else if (device.match(/Android/i)) {
          // Android
          url = 'geo:0,0?q=' + destino;
```

```
      }


    window.open(url, '_system', 'location=yes');

  }


  editar(){
    this.edit = true;
  }


  async sacarFoto(){
    try {
      const profilePicture = await Camera.getPhoto({
      quality: 50,
      height: 400,
      width: 600,
      allowEditing: false,
      resultType: CameraResultType.Base64,
      });
      this.sitio.foto = 'data:image/png;base64,' +
profilePicture.base64String;
      this.sitio.preview = this.img.getImage(this.sitio.foto);
    } catch (error) {
      console.error(error);
    }
  }


  guardarSitio() {
    this.sitio.description = this.description.value;
    this.db.modificaSitio(this.sitio, this.ind).then((res) => {
      this.edit = false;
      console.log('se ha introducido correctamente en la bd');
    }, (err) => {  console.log('error al meter en la bd ' + err); });
  }
}
```

Eliminar un sitio desde el listado deslizando el item con "ItemSliding"

Vamos a mejorar nuestra app para que se puedan eliminar nuestros sitios, pero para aprender más sobre las posibilidades de ionic lo vamos ha hacer desde el listado, deslizando el elemento del listado hacia la izquierda nos mostrará el botón de eliminar. También aprovecharemos para aprender a utilizar **AlertController** para mostrar un diálogo que pida confirmación antes de eliminar el sitio.

Vamos a ver como sería:

Lo primero que vamos a hacer es modificar el listado para añadir un **ion-item-sliding** qué es un componente que nos permite deslizar el item.

Debemos introducir el item dentro de **ion-item-sliding** y le vamos a añadir después un elemento **ion-item-options** que nos permite añadir opciones que se mostrarán al deslizar el item.

Se pueden añadir tantas opciones como desees, nosotros solo vamos a necesitar una para borrar el elemento. Vamos a ver como tiene que quedar el código, editamos el archivo **tab2.page.html** y lo dejamos de la siguiente manera:

```
<ion-header>
  <ion-toolbar>
    <ion-title>
      Listado
    </ion-title>
  </ion-toolbar>
</ion-header>


<ion-content>
 <ion-list>
   <ion-item-sliding *ngFor="let sitio of sitios; let i = index">
    <ion-item (click)="muestraSitio(sitio, i)">
      <ion-thumbnail slot="start">
```

```
        <img [src]="sitio.preview">
      </ion-thumbnail>
      <ion-label>{{ sitio.description }}</ion-label>
    </ion-item>
    <ion-item-options side="end">
      <ion-item-option color="danger" (click)="borrarSitio(i)"> <ion-icon
slot="start" name="trash"></ion-icon>Borrar</ion-item-option>
    </ion-item-options>
  </ion-item-sliding>
 </ion-list>
</ion-content>
```

Como podemos observar hemos puesto el ***ngFor** en la etiqueta **ion-item-sliding** que ahora envuelve al ion-item que ya teníamos.

Después del ion-item hemos añadido un componente **ion-item-options** al que le indicamos que se muestre en el lado derecho (side="end").

Dentro de ion-item-options tenemos un un icono que muestra el icono "trash" que es el típico cubo de basura y el texto "borrar".

En el evento click le decimos que llame a la función **borrarSitio** pasando como parámetro la variable **i** que contiene el índice o posición en el array del sitio.

Si probamos la aplicación podéis comprobar en el listado que los items ahora se pueden arrastrar hacia la izquierda y aparece el botón de borrar:

Borrando un sitio

Ahora debemos definir la función borrar sitio en el controlador del listado. Antes de borrar vamos a sacar un diálogo de confirmación que nos preguntará si realmente queremos eliminar el sitio, para ello vamos a utilizar el componente **Alert.**

Alerts

Los alerts son una excelente manera de ofrecer al usuario la posibilidad de elegir una acción específica o una lista de acciones. También pueden proporcionar al usuario información importante, o requerir que tomen una decisión.

Ionic nos proporciona los siguientes tipos de Alerts:

- Basic Alerts
- Prompt Alerts
- Confirmation Alerts
- Radio Alerts
- Checkbox Alerts

Como siempre si necesitas saber más sobre los alerts puedes consultar la documentación de ionic:

https://ionicframework.com/docs/api/alert

En este caso como lo que queremos es que el usuario confirme el borrado del sitio vamos a utilizar alert de confirmación.

Para poder utilizar un alert lo primero que debemos hacer es importar **AlertController** e inyectarlo en el constructor, por lo tanto vamos a editar el archivo **tab2.page.ts** y añadimos el siguiente código:

```
import { Component } from '@angular/core';
import { DbService } from '../services/db.service';
import { ImgService } from '../services/img.service';
import { ModalController } from '@ionic/angular';
import { ModalDetalleSitioPage } from
'../modal-detalle-sitio/modal-detalle-sitio.page';
```

```typescript
import { AlertController } from '@ionic/angular';

@Component({
  selector: 'app-tab2',
  templateUrl: 'tab2.page.html',
  styleUrls: ['tab2.page.scss']
})

export class Tab2Page{

  sitios: any = [];

  constructor(
    private db: DbService,
    public img: ImgService,
    public modalCtrl : ModalController,
    public alertCtrl: AlertController
  ) {}
```

Ahora vamos a crear la función **borrarSitio()** y definiremos dentro de ella el alert de la siguiente manera:

```typescript
async borrarSitio(ind){
  const alert = await this.alertCtrl.create({
    header: 'Confirmar borrado',
    message: '¿Estás seguro de que deseas eliminar este sitio?',
    buttons: [
      {
        text: 'No',
        role: 'cancel',
        cssClass: 'secondary',
        handler: (blah) => {
          console.log('Confirm Cancel');
```

```
        }
      }, {
        text: 'Si',
        handler: () => {
          this.db.borraSitio(ind).then(() => {
            this.getSitios();
          });
        }
      }
    ]
  });
  await alert.present()
}
```

Para crear un alert utilizamos el método create donde tenemos que definir el título en este caso "Confirmar borrado", el mensaje: "¿Estás seguro de que deseas eliminar este sitio?".

Después definimos los dos botones de acción uno para SÍ y otro para NO, en text definimos el texto del botón y en handler definiremos la acción que debemos realizar, en caso de pulsar "No" no hacemos nada, en caso de pulsar "Sí" procederemos a eliminar el sitio.

Para eliminar el sitio llamamos al método **borraSitio()** que luego crearemos en **DbService**, pasando como argumento el índice del elemento que queremos eliminar.

Una vez que se a eliminado el sitio llamamos a la función **this.getSitios()** para refrescar el listado.

Con **alert.present()** hacemos que se muestre el alert.

Como puedes observar hemos definido la función con **async** y utilizamos **await** antes de **alert.present**, esto es porque **alertController.create()** retorna una promesa, por lo cual no podemos ejecutar **alert.present()** hasta que no se reciba el resultado de la promesa, como ya vimos cuando hablamos de las promesas, con **await** la ejecución espera hasta que recibamos el resultado de la promesa.

Otra opción a utilizar **async/await** es añadir un .then() y ejecutar el alert.present() dentro.

Ahora que ya sabemos cómo se usan los alerts vamos a escribir el código del botón "Si" para borrar el sitio.

Lo primero que tenemos que hacer es crear un nuevo método en el servicio **DbService** para eliminar los sitios, por lo tanto editamos el archivo **db.service.ts** y añadimos la función **borrarSitio()**:

```
borraSitio(ind) {
    this.arrSitios.splice(ind, 1);
    return this.storage.set('sitios', this.arrSitios);
}
```

Recibimos como parámetro ind que es la posición dentro del array del sitio que queremos eliminar.

El método **splice** elimina elementos de un array, el primer argumento es la posición desde donde se va a eliminar en este caso ind, y el segundo argumento es el número de elementos que queremos eliminar, en este caso solo uno.

Por último volvemos a almacenar en el storage el contenido del array **this.arrSitios**, que ahora ya no contendrá el sitio que acabamos de eliminar.

Si ejecutamos el código podemos comprobar que ya podemos borrar los sitios que no nos interesa conservar en nuestro dispositivo.

Aunque se puede mejorar mucho esta aplicación, ya podemos decir que es funcional y nos ha servido para aprender muchos conceptos sobre ionic.

Siéntete libre de modificar la app, cambiar los estilos, experimentar añadiendo alguna mejora, es la mejor manera de aprender y descubrir cosas nuevas.

Puedes descargar o clonar este proyecto desde GitHub en el siguiente link:
https://github.com/edurevilla/libro-ionic-5-mis-sitios

Preparar la app para la publicación usando capacitor

Generar el splash screen y los iconos en Android

Para generar los iconos en un proyecto de android lo primero que tenemos que hacer es abrir nuestra aplicación en Android studio, para ello utilizamos el siguiente comando:

```
ionic cap open android
```

Los iconos que se usarán en nuestro proyecto se encuentran dentro dentro de la carpeta **mipmap**, que está en el directorio **app/res/mipmap**:

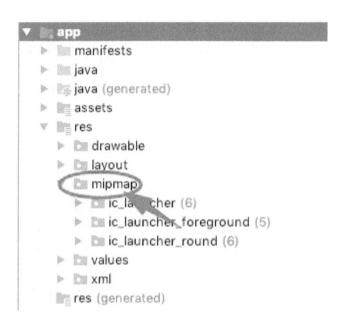

Para generar un nuevo conjunto de iconos, tenemos que hacer clic con el botón derecho en la carpeta **res** e ir a **New** → **Image Asset**:

Todo lo que necesitamos hacer es seleccionar en **Path** una Imagen que queramos utilizar como icono (debe ser de al menos 1024 × 1024 píxeles).

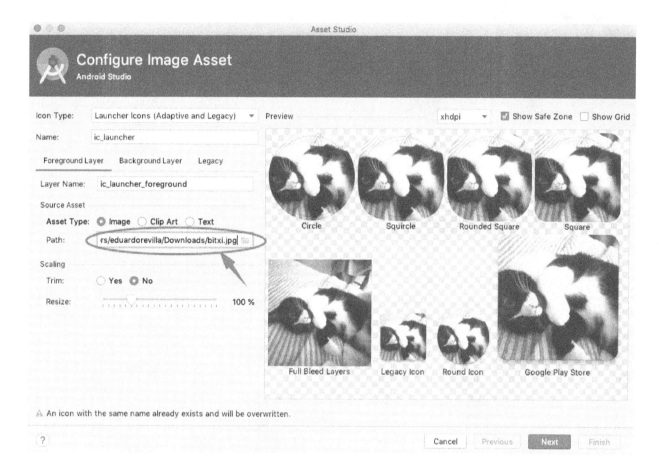

Después pulsaremos **Next** y en la siguiente ventana **Finish** para finalizar.

Los splash screens se encuentran en la carpeta **app/res/drawable/splash.**

Para cambiar el que viene por defecto no nos queda más remedio que sustituir cada uno por el que deseemos, teniendo en cuenta que tiene que tener el mismos tamaño de imagen que cada uno de los que vamos a sustituir.

Existen herramientas que nos pueden ayudar a generar los distintos tamaños de imagen que necesitamos, como por ejemplo capacitor-resources:

https://www.npmjs.com/package/capacitor-resources

Generar el splash screen y los iconos en iOS

Para generar los iconos en un proyecto de android lo primero que tenemos que hacer es abrir nuestra aplicación en Android studio, para ello utilizamos el siguiente comando:

```
ionic cap open ios
```

En **App/App/Assets.xcassets** tenemos los iconos y los splash:

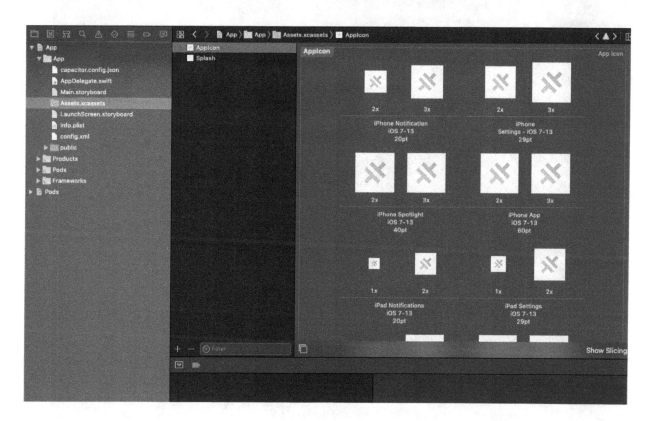

Podemos sustituir los iconos en interfaz XCode arrastrandolos encima de su icono correspondiente, o podemos hacerlo sustituyendolos directamente en la carpeta desde Finder.

Para abrir Finder en la carpeta correspondiente donde se encuentran los iconos podemos hacer clic derecho encima de uno de los iconos y seleccionar **Show in Finder**:

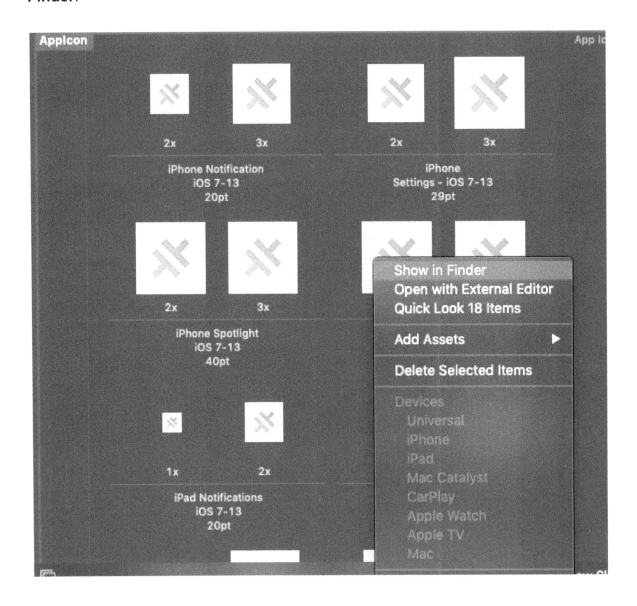

Para modificar el splash screen el proceso es similar, seleccionando esta vez Splash:

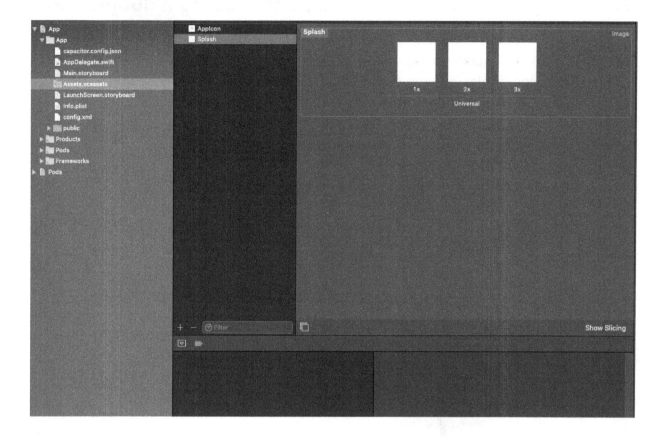

Esta vez nos encontramos con tres tamaños de splash universal.

Generar ejecutable firmado para poder subirlo a google play.

Desde Android studio podemos generar un Apk o un Abb (Android App Bundle).
Son dos formatos válidos aunque Google recomienda utilizar el formato Abb.

Para generar el ejecutable lo primero que tenemos que hacer desde Android Studio es
acceder al menú **Build > Generate Signed Bundle / APK:**

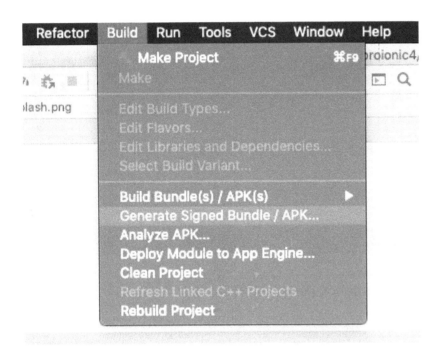

Después seleccionamos el tipo de ejecutable que queremos generar y pulsamos en **Next**.

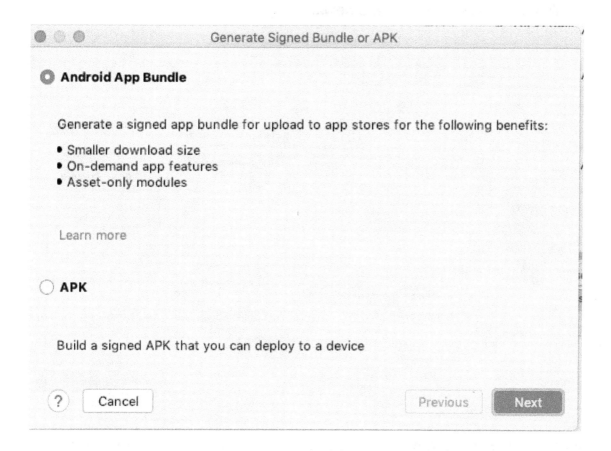

Después nos pide que seleccionemos la ruta de la Key store, esté será un archivo con la llave para firmar nuestro ejecutable, si es la primera vez tendremos que generar uno, para ello pulsaremos en el botón **Create new...**

Al pulsar en **Create new** aparecerá un formulario con unos campos que debemos rellenar para generar la Key Store, estos campos son:

Key Store Path: Es la ruta donde se va a generar el archivo, es muy importante tener localizado y guardar en un sitio seguro una copia de este archivo, pues sin el no podrás subir actualizaciones de la aplicación.

Después debemos seleccionar una clave para la Key store.

Debajo definiremos los campos para la key que incluye los siguientes campos:

- Alias: Es un nombre para identificar la Key puede ser el que tu quieras.
- Una clave para la key.
- Validity (years): Es el número de años que va a ser válido el certificado firma, para curarnos en salud es mejor poner un número alto de años.
- Por último debemos rellenar los campos del certificado.

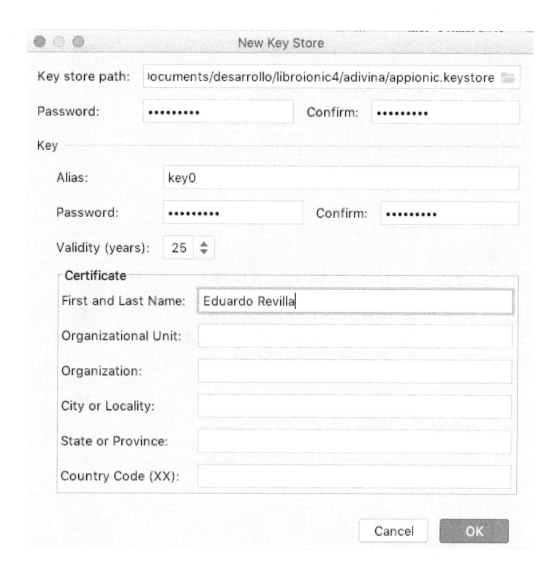

Finalmente pulsamos en el botón Ok y se habrá generado el archivo keystore y nos devolverá al formulado anterior con los campos rellenados:

Pulsamos en **Next**, en la siguiente pantalla seleccionamos el tipo de compilación que queremos (release para publicar o debug) y pulsamos el botón finish:

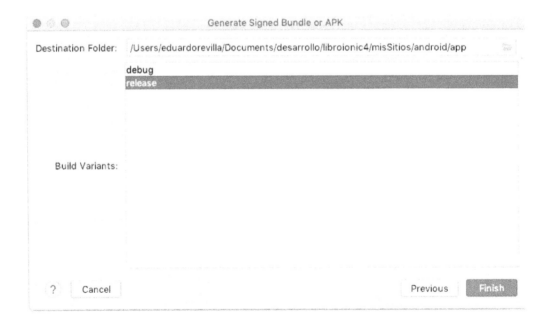

Esto nos habrá generado el archivo que de ejecutable que debemos subir a Google Play en la carpeta de nuestro proyecto **android/app/release/app.aab**.

Ionic Native y Capacitor

Ionic native nos provee de una gran cantidad de plugins de Cordova adaptados para utilizarse directamente en ionic utilizando typescript.

Si utilizamos cordova para crear nuestra aplicación podemos utilizarlos plugins de ionic native tal y como se muestra en la documentación de ionic:

https://ionicframework.com/docs/native/

Al acceder a la documentación vemos que existen dos variantes, Community Edition y Enterprise Edition:

Enterprise Edition está pensado para empresas y soporte por parte del equipo de ionic, pero este soporte es de pago.

Nosotros vamos a utilizar Community Edition para los ejemplos de este libro.
Al seleccionar Community Edition vemos a la izquierda toda la lista de plugins que tenemos disponible:

Vemos que existen muchos plugins que no están disponibles al menos en el momento de escribir estas líneas en la api de capacitor.

Por suerte podemos utilizar Ionic native tambien en nuestro proyecto con capacitor.

Vamos a crear un pequeño ejemplo para mostrar cómo podemos utilizar ionic native con capacitor:

Primero tenemos vamos a crear nuestra aplicación con la plantilla blank y especificando que queremos que sea un proyecto con capacitor utilizando el flag --capacitor:

```
ionic start pruebaNative blank --capacitor
```

Seleccionamos Angular y esperamos a que se termine de generar el proyecto.

Abrimos en nuestro editor el proyecto que acabamos de crear y vamos simplemente a crear un botón en la pantalla inicial que al pulsar en el muestre un toast nativo.

A pesar de que la api de capacitor ya dispone de toast, vamos a implementar el toast de Cordova por ser un ejemplo sencillo, pero se puede aplicar a cualquier plugin que ionic native que necesites utilizar.

Un **toast** es un mensaje que se muestra en pantalla durante unos segundos y luego desaparece automáticamente.

Lo primero que vamos ha hacer es modificar **home.page.html** para mostrar un botón, eliminamos todo lo que hay dentro de la etiqueta **ion-content** y colocamos lo siguiente:

```
<ion-header>
 <ion-toolbar>
   <ion-title>
     Ionic Blank
   </ion-title>
 </ion-toolbar>
</ion-header>


<ion-content>
<ion-button (click)="mostrarToast()">Mostrar Toast</ion-button>
</ion-content>
```

Para mostrar el toast vamos a utilizar el plugin ce cordova toast, usando la interfaz que nos provee ionic native:

https://ionicframework.com/docs/native/toast

Por defecto nos indica como instalar el plugin si utilizamos apache cordova, pero como estamos utilizando Capacitor debemos pulsar en la pestaña **CAPACITOR** para seguir las instrucciones para su instalación:

Como vemos tenemos que ejecutar los siguientes comandos:

```
npm install cordova-plugin-x-toast
npm install @ionic-native/toast
ionic cap sync
```

Para poder utilizar un plugin de ionic native tenemos que importarlo y declararlo como provider en **app.module.ts**:

```
import { NgModule } from '@angular/core';
import { BrowserModule } from '@angular/platform-browser';
import { RouteReuseStrategy } from '@angular/router';
```

```
import { IonicModule, IonicRouteStrategy } from '@ionic/angular';
import { SplashScreen } from '@ionic-native/splash-screen/ngx';
import { StatusBar } from '@ionic-native/status-bar/ngx';


import { AppComponent } from './app.component';
import { AppRoutingModule } from './app-routing.module';
import { Toast } from '@ionic-native/toast/ngx';


@NgModule({
  declarations: [AppComponent],
  entryComponents: [],
  imports: [BrowserModule, IonicModule.forRoot(), AppRoutingModule],
  providers: [
    StatusBar,
    SplashScreen,
    Toast,
    { provide: RouteReuseStrategy, useClass: IonicRouteStrategy }
  ],
  bootstrap: [AppComponent]
})
export class AppModule {}
```

Ahora ya estamos listos para utilizar el plugin en nuestra página home.

Lo primero que tenemos que hacer es importar e inyectar en el constructor el plugin toast, editamos el archivo **home.page.ts** y añadimos lo siguiente:

```
import { Component } from '@angular/core';
import { Toast } from '@ionic-native/toast/ngx';


@Component({
  selector: 'app-home',
  templateUrl: 'home.page.html',
```

```
  styleUrls: ['home.page.scss'],
})
export class HomePage {


  constructor(private toast: Toast) {}


}
```

Solo nos queda añadir la función **mostarToast()** para que al pulsar el botón se muestre el toast:

```
mostrarToast(){
    this.toast.show('Hola, soy un toast', '5000', 'center').subscribe(
      toast => {
        console.log(toast);
      });
  }
```

Como es una funcionalidad nativa de los móviles este ejemplo no funcionará si lo ejecutas con ionic serve, pero si lo ejecutas en tu móvil podrás observar como muestra el toast nativo.

Vamos a copiar los cambios que hemos hecho:

```
ionic cap copy
```

Para probarlo en nuestro dispositivo móvil primero añadimos la plataforma que necesitemos:

Para abrir nuestro proyecto en Android Studio ejecutamos el siguiente comando:

```
ionic cap open android
```

Para **ios** usaremos pasos similares sustituyendo **android** por **ios**.

Al ejecutar este ejemplo en el móvil obtendrás algo parecido a esto:

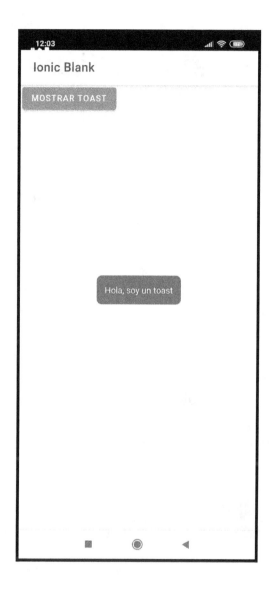

Puedes descargar o clonar este proyecto desde GitHub en el siguiente link:

https://github.com/edurevilla/libro-ionic-5-capacitior-native-toast

Queda por decir que es posible que algunos plugins de Cordova no sean compatibles con capacitor, en la documentación de capacitor se especifican los plugins conocidos que pueden causar algún problema:

https://capacitor.ionicframework.com/docs/cordova/known-incompatible-plugins

Componentes personalizados

En capítulos anteriores hemos aprendido a crear apps multiplataforma con Ionic.

Ionic nos ofrece un montón de componentes ya creados para utilizar en nuestras apps y realmente nos permiten con poco esfuerzo crear una interfaz funcional para nuestras aplicaciones.

Sin embargo hay momentos que puede interesarnos crear nuestros propios componentes personalizados.

Un componente es simplemente algo que podemos mostrar las veces que queramos en la pantalla, como si fuese una etiqueta html, solo que a su vez un componente puede estar formado por varias etiquetas html y otros componentes.

Para ver mejor cómo podemos crear nuestro propios componentes personalizados en Ionic vamos a crear un proyecto de prueba a que vamos a llamar **miComponente**:

```
ionic start miComponente blank
```

Seleccionamos Angular como framework y una vez creado el proyecto si entramos en **home.page.ts** veremos esto:

```typescript
import { Component } from '@angular/core';


@Component({
  selector: 'app-home',
  templateUrl: 'home.page.html',
  styleUrls: ['home.page.scss'],
})
export class HomePage {
```

```
constructor() {}

}
```

En Ionic todo son componentes, de hecho las páginas de nuestra aplicación son componentes, si nos fijamos tiene un decorador **@Component** por lo que podemos ver que la propia página es un componente que tiene el selector '**app-home**' y como plantilla utiliza el archivo **home.page.html**.

Si inspeccionamos el código que genera ionic en el navegador veremos que tenemos un elemento llamado **ion-router-outlet** que es la etiqueta principal donde se renderizan las páginas, y dentro de esta tenemos una etiqueta **app-home**.

Tal y como hemos comentado las páginas también son componentes y para mostrar componentes en la plantilla se utiliza la etiqueta con el nombre del selector del componente que en este caso es **app-home**, por defecto los componentes llevan el prefijo **app-** por delante del nombre del componente.

Vamos a crear un sencillo componente al que vamos a llamar saluda, para ello vamos a echar mano de ionic generator, lo primero que vamos a crear es un módulo para declarar nuestros componentes y poder luego invocarlos desde cualquier página donde los necesitemos.

Nos situamos dentro la carpeta de nuestro proyecto en la consola de comandos y tecleamos lo siguiente:

```
ionic g module components
```

Esto nos habrá creado una carpeta llamada components y dentro un archivo llamado **components.module.ts** con el siguiente contenido:

```
import { NgModule } from '@angular/core';
import { CommonModule } from '@angular/common';


@NgModule({
```

```
  declarations: [],
  imports: [
    CommonModule
  ]
})
export class ComponentsModule { }
```

Ahora vamos a crear nuestro nuevo componente saluda:

```
ionic g component components/saluda
```

Esto nos creará una carpeta llamada saluda dentro de components con nuestro componente.

En la carpeta de nuestro componente tendremos un archivo **.html** para la plantilla, un archivo **.scss** para los estilos y un archivo **.ts** con el controlador.

Si observamos lo que contiene el archivo **saluda.component.html** vemos que simplemente muestra un párrafo con el texto "saluda works!":

```
<p>
  saluda works!
</p>
```

Veamos ahora que tenemos en el archivo **saluda.component.ts**:

```
import { Component, OnInit } from '@angular/core';

@Component({
  selector: 'app-saluda',
  templateUrl: './saluda.component.html',
  styleUrls: ['./saluda.component.scss'],
})
```

```
export class SaludaComponent implements OnInit {

 constructor() { }

 ngOnInit() {}

}
```

Como vemos el controlador de un componente es prácticamente igual que el de una página.

Tenemos el decorador **@Component** donde se indica que su selector es **'app-saluda'**, que la ruta de la plantilla que utiliza es **./saluda.component.html** y la ruta de los estilos que utilizará es **./saluda.component.scss**.

Ahora vamos a importar SaludaComponent en el módulo **components.module.ts** y lo vamos a declarar en la sección **declarations** y en la sección **exports**:

```
import { NgModule } from '@angular/core';
import { CommonModule } from '@angular/common';
import { SaludaComponent } from './saluda/saluda.component';

@NgModule({
 declarations: [SaludaComponent],
 imports: [
   CommonModule
 ],
 exports: [SaludaComponent]
})
export class ComponentsModule { }
```

Ahora para poder utilizar nuestro componente en cualquier página solo tenemos que importar **ComponentModule** en el módulo de nuestra página y declararlo en los imports, por lo tanto vamos a editar **home.module.ts** e importar el módulo **ComponentsModule**:

```
import { NgModule } from '@angular/core';
import { CommonModule } from '@angular/common';
import { IonicModule } from '@ionic/angular';
import { FormsModule } from '@angular/forms';
import { RouterModule } from '@angular/router';
import { ComponentsModule } from '../components/components.module';

import { HomePage } from './home.page';

@NgModule({
  imports: [
    CommonModule,
    FormsModule,
    IonicModule,
    ComponentsModule,
    RouterModule.forChild([
      {
        path: '',
        component: HomePage
      }
    ])
  ],
  declarations: [HomePage]
})
export class HomePageModule {}
```

Para mostrar nuestro componente en la página **home** editamos el archivo **home.page.html** y eliminamos to que hay dentro de ion-content y añadimos la etiqueta con el componente que acabamos de crear:

```
<ion-header>
  <ion-toolbar>
```

```
  <ion-title>
    Ionic Blank
  </ion-title>
 </ion-toolbar>
</ion-header>

<ion-content>
 <div class="ion-padding">
  <app-saluda></app-saluda>
 </div>
</ion-content>
```

Así de fácil. Si ejecutamos nuestra app de ejemplo veremos algo similar a esto:

A nuestro componente le podemos añadir también atributos personalizados.
Por ejemplo podemos pasarle un atributo **nombre** de esta manera:

```html
<ion-header>
 <ion-toolbar>
   <ion-title>
     Ionic Blank
   </ion-title>
 </ion-toolbar>
</ion-header>


<ion-content>
 <div class="ion-padding">
   <app-saluda nombre="Eduardo"></app-saluda>
 </div>
</ion-content>
```

Luego en el controlador de nuestro componente (**saluda.component.ts**) definimos el
parámetro de entrada con el decorador **Input** de la siguiente manera:

```typescript
import { Component, OnInit, Input } from '@angular/core';


@Component({
 selector: 'app-saluda',
 templateUrl: './saluda.component.html',
 styleUrls: ['./saluda.component.scss'],
})
export class SaludaComponent implements OnInit {

 @Input() nombre: string;
 constructor() { }


 ngOnInit() {}
```

```
}
```

Para poder utilizar el decorador Input debemos importarlo primero.

Ahora podemos hacer que en lugar de mostrar en pantalla "saluda works!" salude a la persona que recibamos en el parámetro nombre, para ello vamos a crear una variable que llamaremos **text** y a la que en el constructor le daremos el valor '¡Hola' concatenando el nombre que recibe como input:

```typescript
import { Component, OnInit, Input } from '@angular/core';


@Component({
  selector: 'app-saluda',
  templateUrl: './saluda.component.html',
  styleUrls: ['./saluda.component.scss'],
})
export class SaludaComponent implements OnInit {

  @Input() nombre: string;
  text: string;


  constructor() {
    this.text = '¡Hola '+this.nombre+'!';
  }


  ngOnInit() {}


}
```

Ahora en la plantilla **saluda.component.html** vamos a hacer que se muestre el contenido de la variable text:

```
<p>
{{ text }}
</p>
```

Bien, si como en el ejemplo hemos pasado "Eduardo" al parámetro nombre cabría esperar ver en pantalla **"¡Hola Eduardo!"**, sin embargo comprobamos que muestra **"¡Hola undefined!"**, es evidente que hay algo que no está funcionando.

Esto ocurre porque estamos accediendo a la variable **this.nombre** desde el constructor, y en el momento que se ejecuta el constructor aún no están accesibles los parámetros que recibimos en nuestro componente, para ello utilizamos **ngOnInit** que se ejecuta cuando nuestro componente se ha inicializado y tenemos acceso a los parámetros:

```
import { Component, OnInit, Input } from '@angular/core';

@Component({
  selector: 'app-saluda',
  templateUrl: './saluda.component.html',
  styleUrls: ['./saluda.component.scss'],
})
export class SaludaComponent implements OnInit {

  @Input() nombre: string;
  text: string;

  constructor() {

  }

  ngOnInit() {
    this.text = '¡Hola ' + this.nombre + '!';
```

```
    }

}
```

Ahora podemos comprobar que muestra el nombre que le hayamos pasado.

También podemos utilizar la la variable nombre directamente en la plantilla de nuestro componente de esta manera:

```
<p>
¡Hola {{ nombre }}!
</p>
```

Por último si en lugar de pasarle directamente el nombre al componente queremos utilizar una variable debemos poner el parámetro entre corchetes, por ejemplo imaginemos que tenemos un array de usuarios y queremos saludarles a todos, en **home.page.ts** definimos un array de usuarios:

```
import { Component } from '@angular/core';

@Component({
  selector: 'app-home',
  templateUrl: 'home.page.html',
  styleUrls: ['home.page.scss'],
})
export class HomePage {

usuarios: any = [
  {
    nombre: 'Eduardo',
    edad: 41
  },
```

```
    {
        nombre: 'Pedro',
        edad: 28
    },
    {
        nombre: 'Francisco',
        edad: 34
    },
    {
        nombre: 'Maria',
        edad: 43
    }
];

    constructor() {}

}
```

Ahora en **home.page.html** podemos recorrer el array con ***ngFor** y mostrar nuestro componente saludo pasándole la variable **usuario.nombre**:

```
<ion-header>
  <ion-toolbar>
    <ion-title>
      Ionic Blank
    </ion-title>
  </ion-toolbar>
</ion-header>

<ion-content>
  <div class="ion-padding">
    <app-saluda  *ngFor="let usuario of usuarios"
[nombre]="usuario.nombre"></app-saluda>
```

```
    </div>
</ion-content>
```

Como podemos ver en este caso el parámetro **nombre** va entre corchetes **[]** ya que lo que le pasamos no es un texto literal sino una variable.

Si probamos este ejemplo veremos algo como esto:

Este ejemplo es muy sencillo y es solo para explicar cómo funcionan los componentes en Ionic, evidentemente no merece la pena crear un componente que solo contenga un div y un texto, pero podemos ampliar nuestro componente añadiendo una imagen o una ficha completa con los datos del usuario, o cualquier otro elemento que se nos ocurra.

Puedes descargar o clonar este proyecto desde GitHub en el siguiente link:

https://github.com/edurevilla/libro-ionic-5-componentes-personalizados

Peticiones http

Vamos a ver cómo podemos comunicar una aplicación desarrollada con ionic con una **API REST,** para ello vamos a aprender cómo realizar peticiones a un servidor remoto a través de http.

En esta pequeña prueba vamos acceder a una API REST para obtener desde un servidor remoto un listado de usuarios. Para este pequeño ejemplo vamos a utilizar RANDOM USER GENERATOR que como se indica en su web es una API libre de código abierto para generar datos de usuario aleatorios para realizar pruebas. Cómo Lorem Ipsum, pero con personas.

Lo que vamos a hacer es simplemente realizar una llamada a esta API donde recibiremos como respuesta un listado de usuarios que mostraremos en nuestra vista.

Antes de nada vamos a crear una nueva aplicación de prueba:

```
ionic start pruebahttp1 blank
```

Seleccionamos Angular como framework pulsando enter y le podemos decir que no queremos integrarlo con Capacitor, si deseas probarlo desde un dispositivo móvil entonces le diremos que sí, aunque puedes integrarlo después si lo deseas.

Una vez generado el proyecto como siempre desde el terminal con **cd pruebahttp1** entramos dentro de la carpeta que acabamos de crear.

Ahora vamos a crear un servicio donde gestionaremos la comunicación con el servidor remoto:

```
ionic g service services/http
```

Se habrá creado una carpeta services y dentro un archivo .ts con el nombre
http.service.ts.

Por defecto contendrá el siguiente código:

```typescript
import { Injectable } from '@angular/core';

@Injectable({
  providedIn: 'root'
})
export class HttpService {

  constructor() { }

}
```

Para realizar las peticiones al servidor vamos a utilizar un paquete de angular llamado
HttpClient, así que vamos a importarlo en nuestro servicio:

```typescript
import { Component } from '@angular/core';
import { HttpClient } from '@angular/common/http';

@Component({
  selector: 'app-home',
  templateUrl: 'home.page.html',
  styleUrls: ['home.page.scss'],
})
export class HomePage {

  constructor(public http: HttpClient) {}

}
```

Ahora debemos importar y declarar como **provider** en **app.module.ts** el servicio que acabamos de crear, también debemos importar y declarar en los **imports** **HttpClientModule:**

```typescript
import { NgModule } from '@angular/core';
import { BrowserModule } from '@angular/platform-browser';
import { RouteReuseStrategy } from '@angular/router';

import { IonicModule, IonicRouteStrategy } from '@ionic/angular';
import { SplashScreen } from '@ionic-native/splash-screen/ngx';
import { StatusBar } from '@ionic-native/status-bar/ngx';

import { AppComponent } from './app.component';
import { AppRoutingModule } from './app-routing.module';

import { HttpService } from './services/http.service';
import { HttpClientModule } from '@angular/common/http';


@NgModule({
  declarations: [AppComponent],
  entryComponents: [],
  imports: [
    BrowserModule,
    IonicModule.forRoot(),
    AppRoutingModule,
    HttpClientModule],
  providers: [
    StatusBar,
    SplashScreen,
    { provide: RouteReuseStrategy, useClass: IonicRouteStrategy },
    HttpService
  ],
```

```
  bootstrap: [AppComponent]
})
export class AppModule {}
```

http.get

Vamos a añadir un método que llamaremos **loadUsers** a nuestro servicio para obtener la lista de usuarios desde el servidor, por lo tanto editamos el archivo **http.service.ts** y añadimos el siguiente función después del constructor:

```
loadUsers() {
  return this.http
  .get('https://randomuser.me/api/?results=25')
}
```

En este caso llamamos a randomuser y le decimos que devuelva 25 resultados (?results=25).
http.get devuelve el resultado de la solicitud en forma de un observable.

Como resultado de la petición obtendremos un JSON con un formato parecido a este:

```
{
"results":[
  {
    "gender":"male",
    "name":{"title":"mr","first":"denis","last":"vieira"},
    "location":{
      "street":"666 rua sete de setembro ",
      "city":"rondonópolis",
      "state":"minas gerais",
      "postcode":44819,
      "coordinates":{"latitude":"-73.8339","longitude":"-19.7138"},
      "timezone":{"offset":"-2:00","description":"Mid-Atlantic"}
    },
    "email":"denis.vieira@example.com",
    "login":{
      "uuid":"4f51bc76-8f49-4043-841d-7b2978bd7665",
      "username":"beautifulswan509",
```

```
      "password":"down",
      "salt":"I9rLbtmc",
      "md5":"3689e6b1cb08345ac5ab67b179358250",
      "sha1":"4f0e8bf0fea756dbaa8f4e7e01b7c6a8de328abf",

"sha256":"a23a5af4e8622e69c464a2a30f608066e77aa8d36f037ecdb171d452b20e5c96"
    },
    "dob":{"date":"1984-02-04T02:47:36Z","age":35},
    "registered":{"date":"2004-07-29T23:10:42Z","age":14},
    "phone":"(45) 7844-4365",
    "cell":"(73) 5854-2157",
    "id":{"name":"","value":null},
    "picture":{
      "large":"https://randomuser.me/api/portraits/men/62.jpg",
      "medium":"https://randomuser.me/api/portraits/med/men/62.jpg",
      "thumbnail":"https://randomuser.me/api/portraits/thumb/men/62.jpg"
    },
    "nat":"BR"
  }, ...
```

Ahora vamos a crear la vista en **home.page.html** para mostrar un botón que llamará a la función **cargarUsuarios**, y un listado de items con los usuarios que crearemos recorriendo con ***ngFor** el array usuarios que posteriormente vamos a crear en el controlador:

```html
<ion-header>
  <ion-toolbar>
    <ion-title>
      Usuarios
    </ion-title>
  </ion-toolbar>
</ion-header>
```

```html
<ion-content>
  <ion-list>
    <ion-item *ngFor="let usuario of usuarios">
      <ion-avatar slot="start">
        <img [src]="usuario.picture.medium">
      </ion-avatar>
      <ion-label>
        <h2>{{ usuario.name.first }}</h2>
        <p>{{ usuario.email }}</p>
      </ion-label>
    </ion-item>
  </ion-list>
  <ion-button expand="block" (click) = "cargarUsuarios()">Cargar
Usuarios</ion-button>
</ion-content>
```

Vamos a modificar **home.page.ts** para obtener los datos desde el servicio y mostrarlos en la vista para ello editamos **home.page.ts** e importamos el service **httpProvider** que acabamos de crear:

```typescript
import { HttpService } from '../services/http.service';
```

Para poder utilizarlo debemos inyectarlo en el constructor:

```typescript
constructor(private http: HttpService) {}
```

Justo antes del constructor vamos a definir una variable miembro donde guardaremos el array de usuarios que recibamos desde el servidor:

```typescript
...
export class HomePage {

usuarios: any[];


  constructor(private http: HttpService) {}
...
```

Promesas y Observables

Ahora vamos a crear un método en **home.page.ts** que que a su vez llamará al método **loadUsers** de nuestro provider para recibir los datos de los usuarios:

```
cargarUsuarios(){
    this.http.loadUsers().subscribe(
      (res: any) => {
        this.usuarios = res.results;
      },
      (error) =>{
        console.error(error);
      }
    );
  }
```

Como podemos observar llamamos al método **loadUsers** que hemos definido en el servicio, pero no utilizamos **then** sino **subscribe**, esto es porque **http** no devuelve una **promesa** si no que devuelve un **observable**. Un observable se queda a la espera de recibir datos y nosotros nos "suscribimos" recibiendo estos datos en cuanto estén disponibles.

Esta cualidad se puede utilizar para suscribirnos a una url y observar si ha habido cambios, como por ejemplo si es un sitio de noticias donde se están continuamente renovando.

La diferencia entre promesas y observables a groso modo es que la promesa devuelve los datos una única vez cuando estos son recibidos mientras que un observable se queda "vigilando" si se han producido cambios y se ejecuta cada vez que un cambio se produce, aunque hasta que no te suscribes a un observable éste no se ejecutará.

Si solo necesitamos recibir los datos una única vez sin necesidad de observar si se han producido cambios podemos utilizar promesas. Una promesa se ejecuta una vez que se haya resuelto la llamada y recibimos los datos en la función **.then(res=>{… }).**

El código del provider en el archivo **http.ts** utilizando una promesa quedaría de la siguiente manera:

```typescript
import { Injectable } from '@angular/core';
import { HttpClient } from '@angular/common/http';


@Injectable({
  providedIn: 'root'
})
export class HttpService {

  constructor(public http: HttpClient) { }

  loadUsers() {
    return this.http
    .get('https://randomuser.me/api/?results=25').toPromise();

  }

}
```

Simplemente debemos añadir **toPromise()** después del get.

Ahora en **home.ts** solo tenemos que sustituir **subscribe** por **then**:

```typescript
cargarUsuarios(){
  this.http.loadUsers().then(
    (res: any) => {
      this.usuarios = res.results;
    },
    (error) =>{
      console.error(error);
    }
```

```
  );
}
```

Si ejecutamos la aplicación con **ionic serve** y pulsamos en el botón *Cargar Usuarios* podremos ver algo como esto:

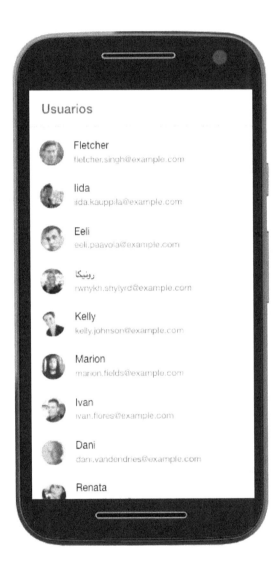

Podéis observar como cada vez que pulsemos el botón la lista de usuarios cambia ya que Random User Generator como su propio nombre indica devuelve una lista aleatoria de usuarios.

http.post

RANDOM USER GENERATOR nos ha servido para aprender ha hacer una petición get a una API REST para recibir datos, en este caso una lista de usuarios.

Si queremos conectarnos con un servicio que tengamos corriendo en un servidor remoto y necesitamos pasarle datos desde la aplicación para que se guarden en el servidor tenemos que usar **http.post**.

Vamos a imaginar que tenemos corriendo un servicio en PHP cuya url sea https://www.miservicio.com/adduser/ que está programado para recibir vía post un nuevo usuario para guardarlo en la base de datos del servidor.

En nuestro servicio tendremos que crear una función similar a esta:

```javascript
postDatos() {
  const datos = { nombre: 'Edu', email: 'edu.revilla.vaquero@gmail.com'};

  const options = {
    headers: {
      'Content-Type': 'application/x-www-form-urlencoded'
    }
  };

  const url = 'https://www.miservicio.com/adduser/';

  return this.http.post(url, JSON.stringify(datos), options).toPromise();
}
```

En la variable datos tenemos un objeto con los datos del usuario que queremos enviar al servidor, en este caso nombre y email.

Después definimos la variable **options** donde a su vez definimos las cabeceras en la variable **headers**, dependiendo de la configuración del servidor podría necesitar parámetros diferentes en la cabecera.

Como vemos **http.post** es bastante parecido a **http.get**, solo que como segundo parámetro le pasamos la variable que contiene los datos que queremos enviar convertida a formato JSON con **JSON.stringify(datos)**, como tercer parámetro le pasamos options.

En **data** recibiremos la respuesta que nos de el servidor.

Vamos a ver un ejemplo de cómo obtendremos los datos enviados desde nuestra aplicación con un servicio desarrollado en PHP en el servidor:

```php
<?php
  header('Access-Control-Allow-Origin: *');


  $postdata = file_get_contents("php://input");
  if (isset($postdata)) {
   $request = json_decode($postdata);
   $request->recibido = 'OK';
   echo json_encode($request);
  }


?>
```

Por seguridad muchos sitios solo admiten peticiones que se hagan desde su propio dominio, para no tener problemas de Cross-Origin en la primera línea le asignamos la opción header para indicarle que está permitido cualquier origen:

```php
header('Access-Control-Allow-Origin: *');
```

También hay que tener en cuenta que el navegador puede bloquear peticiones a dominios que no sean **https**, por lo que sí estás intentando acceder a un servidor que no tenga activado **https** puede que el navegador bloquee la petición y te muestre un error en consola.
Si vas a hacer pruebas en un servidor local existen complementos para Chrome que evita el bloqueo de las peticiones Cross-Origin.

En este ejemplo tan sencillo lo único que hacemos en la siguiente línea es recoger los datos que hemos enviado desde la aplicación:

```
$postdata = file_get_contents("php://input");
```

Después miramos si no está vacío $postdata y en $request guardamos el objeto resultante al decodificar el json.

```
$request = json_decode($postdata);
```

Le añadimos una propiedad más al objeto para indicar que hemos recibido la petición:

```
$request->recibido = 'OK';
```

Por último simplemente sacamos un echo de $request convertido de nuevo a json.

Es decir que recibiremos como resultado en la app lo mismo que hemos enviado más un campo recibido que contendrá la palabra 'OK'.

Evidentemente en otros lenguajes de programación del lado del servidor el código para recibir los datos sería diferente, pero se escapa del propósito de este libro el abordar como sería en cada lenguaje.

Para probar esto podemos añadir un botón al al home.page.ts del ejemplo anterior y que llame a una función de definiremos después en el controlador:

```
<ion-header>
 <ion-toolbar>
   <ion-title>
     Usuarios
   </ion-title>
 </ion-toolbar>
```

```
</ion-header>

<ion-content>
 <ion-list>
   <ion-item *ngFor="let usuario of usuarios">
     <ion-avatar slot="start">
       <img [src]="usuario.picture.medium">
     </ion-avatar>
     <ion-label>
     <h2>{{ usuario.name.first }}</h2>
     <p>{{ usuario.email }}</p>
   </ion-label>
   </ion-item>
 </ion-list>
 <ion-button expand="block" (click) = "cargarUsuarios()">Cargar
Usuarios</ion-button>
 <ion-button expand="block" (click) = "post()">Peticion POST</ion-button>
</ion-content>
```

Definimos entonces la función post en **home.page.ts:**

```
post() {
    this.http.postDatos().then(res=>{
      alert(JSON.stringify(res));
    })
  }
```

Esta función simplemente va a realizar una llamada a la función postDatos que tendremos creada en nuestro servicio http y saca un alert del resultado obtenido convirtiéndolo a texto utilizando el método stringify de JSON.

Si no tienes la posibilidad de tener un servidor para hacer pruebas puedes utilizar algún servicio online que te permite hacer pruebas como por ejemplo http://httpbin.org, pudiendo quedar el método postDatos de nuestro servicio de la siguiente manera:

```
postDatos() {
    const datos = { nombre: 'Edu', email: 'edu.revilla.vaquero@gmail.com'};

    const options = {
      headers: {
        'Content-Type': 'application/x-www-form-urlencoded'
      }
    };

    const url = 'http://httpbin.org/post';

    return this.http.post(url, JSON.stringify(datos), options).toPromise();
}
```

Firebase

Autenticación con correo y contraseña

Firebase es una plataforma de Google que nos ofrece un **BaaS** (Backend as a Service), lo que nos permite librarnos de la tarea de tener nuestro propio servidor y programar toda la lógica del backend, autenticación de usuarios, etc, ahorrando tiempo e infraestructura.

Firebase nos permite tener una base de datos en la nube y ver los cambios que se produzcan en tiempo real, entre otros servicios también ofrece almacenamiento de archivos en la nube, mensajería, hosting y autenticación de usuarios.

Para aprender a integrar firebase con Ionic vamos a retomar nuestra App de guardar sitios y vamos ha hacer que nuestros sitios se guarden en la base de datos de firebase para tenerlos almacenados en la nube en lugar de localmente.

Para ello tenemos también que crear un usuario y autenticarnos para que en la base de datos cada usuario tenga sus sitios guardados.

Vamos a empezar por la autenticación de usuarios, pero antes de nada debemos crear una aplicación en firebase.

Para crear una aplicación en firebase debemos acceder a la consola de firebase desde la siguiente url:

https://firebase.google.com/

Debemos estar logueados con nuestra cuenta de google, si no tienes cuenta de google tendrás que crearte una.

Para acceder a la consola seleccionamos la opción "IR A LA CONSOLA" que se encuentra en la parte superior derecha como se muestra en la siguiente imagen.

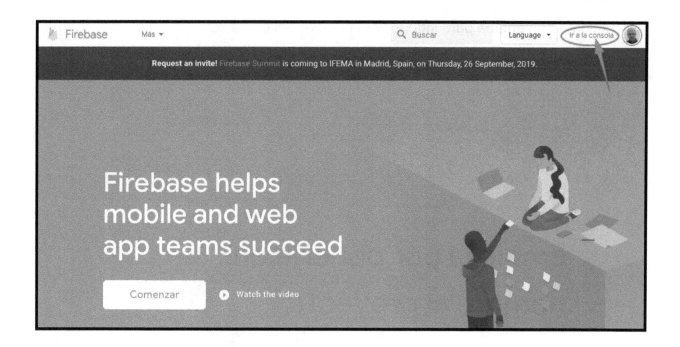

Una vez en la consola debemos añadir un nuevo proyecto, por lo tanto seleccionamos "Agregar proyecto":

Nos saldrá una ventana para introducir el nombre del proyecto:

X   Crear proyecto(paso 1 de 3)

Empieza por ponerle un nombre al proyecto⑦

Nombre del proyecto
Mis Sitios

✎ mis-sitios-dc06f

Continuar

Le damos como nombre por ejemplo "Mis Sitios" y pulsamos en el botón continuar.

En el siguiente paso nos pide que indiquemos si queremos utilizar Google Analytics en nuestro proyecto, por defecto está activado, si pulsamos en el botón siguiente nos pedirá que seleccionemos una cuenta de Google Analytics que ya tengamos, o nos da la opción de crear una cuenta nueva.

Como este es un proyecto de ejemplo, para simplificar no vamos a habilitar analytics, por lo tanto pulsamos en el selector para deshabilitar analytics antes de pulsar el botón Crear proyecto:

Google Analytics
para tu proyecto de Firebase

Google Analytics es una solución de analíticas gratuita e ilimitada que permite crear informes y realizar tareas de segmentación (entre otras acciones) en Firebase Crashlytics, Cloud Messaging, In-App Messaging, Remote Config, A/B Testing, Predictions y Cloud Functions.

Google Analytics incluye estos servicios:

✕ Pruebas A/B ⑦   ✕ Usuarios sin fallos ⑦

✕ Segmentación de usuarios en productos   ✕ Activadores de Cloud Functions basados
   de Firebase ⑦   en eventos ⑦

✕ Predicción del comportamiento de los   ✕ Informes gratuitos ilimitados ⑦
   usuarios ⑦

Habilitar Google Analytics en este proyecto
Recomendado

Anterior   Crear proyecto

275

Tras unos segundos nuestro proyecto estará listo:

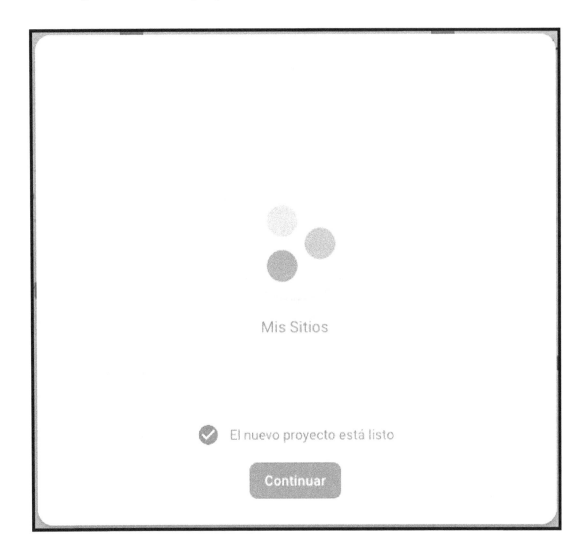

Pulsamos en continuar y accederemos al panel de nuestra aplicación donde tenemos varias opciones.

Dejamos abierta la pestaña del navegador con el panel de firebase ya que más tarde tenemos que volver para obtener los datos de configuración, pero ahora vamos a volver a nuestra aplicación **Mis Sitios** y vamos a instalar **firebase** y **angularfire2.**

Abrimos una consola y nos situamos dentro del directorio de nuestra aplicación y escribimos el siguiente comando:

```
npm install firebase @angular/fire --save
```

Ahora editamos el archivo **app.module.ts** e importamos y declaramos los módulos **AngularFireModule**, **AngularFirestoreModule y AngularFireAuthModule** en la sección **imports** y **AngularFireAuth** en la sección **providers,** también declaramos la constante **firebaseConfig** que utilizamos en la declaración **AngularFireModule.initializeApp(firebaseConfig)** :

```
import { NgModule } from '@angular/core';
import { BrowserModule } from '@angular/platform-browser';
import { RouteReuseStrategy } from '@angular/router';


import { IonicModule, IonicRouteStrategy } from '@ionic/angular';
import { ModalNuevoSitioPageModule } from
'./modal-nuevo-sitio/modal-nuevo-sitio.module';


import { AppRoutingModule } from './app-routing.module';
import { AppComponent } from './app.component';
import { ImgService } from './services/img.service';
import { DbService } from './services/db.service';
import { IonicStorageModule } from '@ionic/storage';
import { ModalDetalleSitioPageModule } from
'./modal-detalle-sitio/modal-detalle-sitio.module';
import { AngularFireModule } from '@angular/fire';
import { AngularFirestoreModule } from '@angular/fire/firestore';
import { AngularFireAuthModule } from '@angular/fire/auth';



import { AngularFireAuth } from '@angular/fire/auth';



export const firebaseConfig = {
  apiKey: "xxx",
  authDomain: "xxx.xxx.xxx",
  databaseURL: "https://xxxxx.firebaseio.com",
  projectId: "xxx",
  storageBucket: "xxx.appspot.com",
  messagingSenderId: "xxx"
```

```
}

@NgModule({
  declarations: [AppComponent],
  entryComponents: [],
  imports: [
    BrowserModule,
    IonicModule.forRoot(),
    AppRoutingModule,
    ModalNuevoSitioPageModule,
    IonicStorageModule.forRoot(),
    ModalDetalleSitioPageModule,
    AngularFireModule.initializeApp(firebaseConfig),
    AngularFirestoreModule,
    AngularFireAuthModule

  ],
  providers: [
    { provide: RouteReuseStrategy, useClass: IonicRouteStrategy },
    ImgService,
    DbService,
    AngularFireAuth
  ],
  bootstrap: [AppComponent]
})
export class AppModule {}
```

Los valores que hemos puesto en el objeto **firebaseConfig** son provisionales, ahora debemos sustituirlos por los que nos de la consola de Firebase por lo tanto regresamos a la web de Firebase.

Aunque nuestra aplicación es una aplicación para móviles estamos utilizando tecnologías web para su desarrollo ya que no es una app nativa sino híbrida (revisar el primer capítulo de este libro para saber más sobre tipo de aplicaciones), por lo tanto vamos a seleccionar añadir Firebase a tu aplicación web haciendo click en el icono web (</>) para ver las variables de configuración que luego vamos a necesitar:

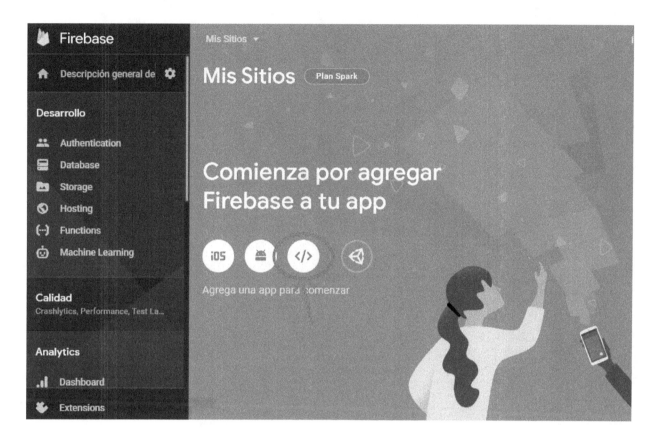

Al seleccionar **añade Firebase a tu aplicación web** mostrará algo como esto:

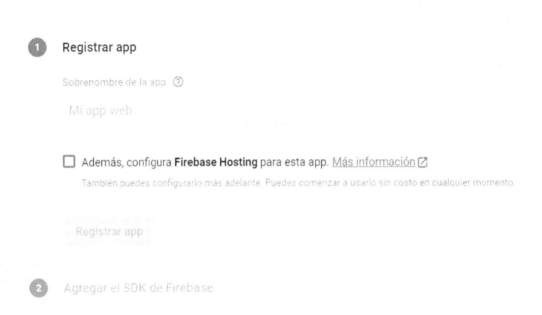

Podemos un apodo a la aplicación, en este caso Mis sitios, de momento no vamos configurar Firebase Hosting, así que lo dejamos sin marchar y pulsamos en el botón Registrar aplicación y en la siguiente pantalla obtendremos los parámetros de configuración que nos interesan:

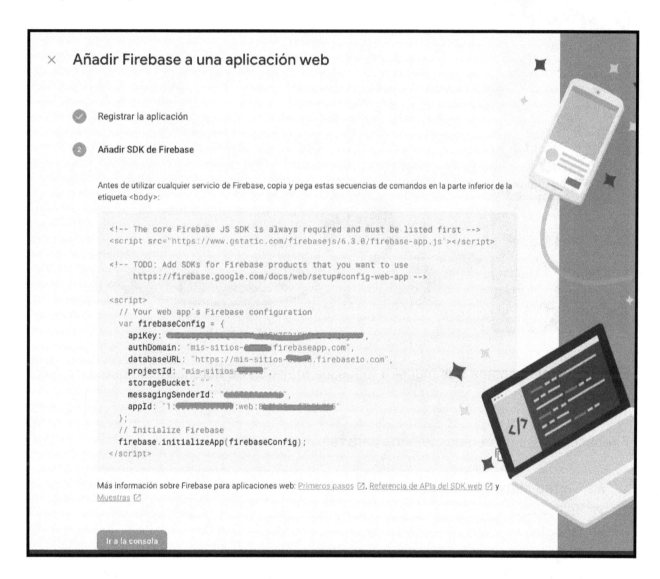

Por lo tanto en nuestro archivo **app.module.ts** sustituimos los valores de **apiKey**, **authDomain**, **databaseURL**, **projectId**, **storageBucket** y **messagingSenderId** del objeto **firebaseConfig** por los que nos ha generado.

Una vez copiado los valores pulsamos en Ir a la consola.

El panel de la izquierda de nuestro proyecto en firebase seleccionamos
"**Authentication**" y pulsamos el botón "**Configura el método de acceso**":

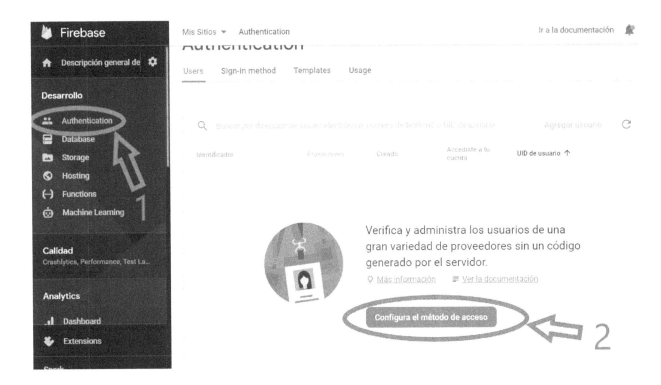

En la siguiente ventana nos muestra todos los métodos de autenticación que tenemos disponibles:

Firebase nos da diferentes métodos para registrar usuarios:

- Correo electrónico/contraseña
- Teléfono
- Google
- Play Juegos
- Game Center
- Facebook
- Twitter
- GitHub
- Yahoo
- Microsoft
- Apple
- Anónimo

Para este ejemplo vamos a utilizar el método Correo electrónico/contraseña.

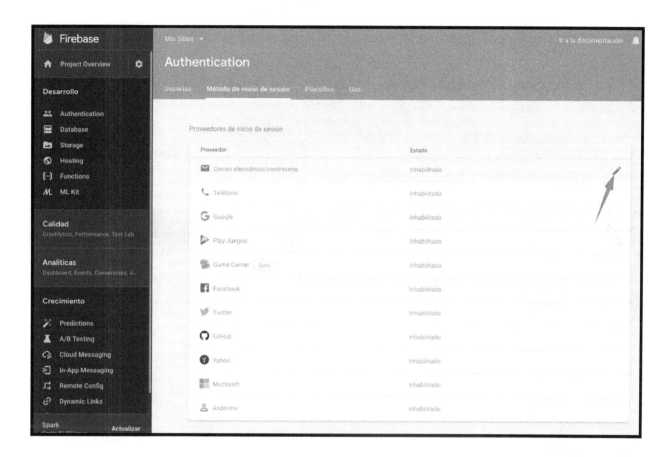

Pulsamos en el icono para editar, en la ventana que nos muestra habilitamos el primer selector y le damos a Guardar:

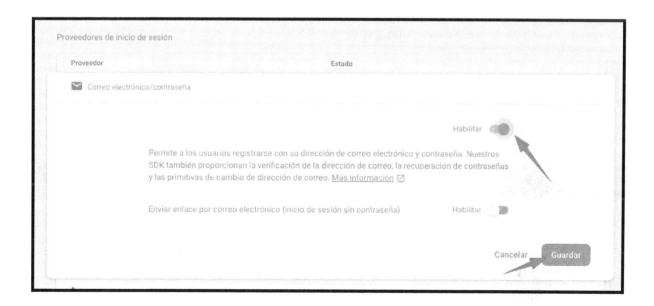

Alta de usuarios

Bien, ya tenemos configurado el método de registro de usuarios en firebase.

Ahora lo primero que necesitamos es un servicio que utilizaremos para autenticar usuarios.

Por lo tanto abrimos una consola y escribimos el siguiente comando que ya conocemos para crear un servicio:

```
ionic g service services/auth
```

Editamos el archivo **auth.service.ts** que acabamos de crear y vamos a importar **AngularFireAuth**:

```typescript
import { Injectable } from '@angular/core';
import { AngularFireAuth } from '@angular/fire/auth';


@Injectable({
  providedIn: 'root'
})
export class AuthService {


  constructor(public afAuth: AngularFireAuth) { }
}
```

Ahora vamos a crear una nueva página de login para que el usuario pueda darse de alta y autenticarse, para ello desde la consola escribimos el siguiente comando:

```
ionic g page login
```

Esto nos habrá generado una nueva página llamada login.
El primer paso que debemos dar es importar **ReactiveFormsModule** en el módulo de la página **(login.module.ts)** para poder utilizar formularios reactivos:

```
import { NgModule } from '@angular/core';
import { CommonModule } from '@angular/common';
import { FormsModule, ReactiveFormsModule } from '@angular/forms';

import { IonicModule } from '@ionic/angular';

import { LoginPageRoutingModule } from './login-routing.module';

import { LoginPage } from './login.page';

@NgModule({
  imports: [
    CommonModule,
    FormsModule,
    ReactiveFormsModule,
    IonicModule,
    LoginPageRoutingModule
  ],
  declarations: [LoginPage]
})
export class LoginPageModule {}
```

Ahora vamos a utilizar FormBuilder para crear la estructura de campos del formulario, aunque es muy sencilla y solo va a tener 2 campos nos ayudará a repasar cómo funcionan los formularios reactivos. Puedes repasar el capítulo de formularios reactivos para refrescar conceptos.

Editamos el archivo login.page.ts y añadimos el siguiente código:

```
import { Component, OnInit } from '@angular/core';
import { FormBuilder, Validators } from '@angular/forms';


@Component({
```

```
  selector: 'app-login',
  templateUrl: './login.page.html',
  styleUrls: ['./login.page.scss'],
})
export class LoginPage implements OnInit {

  usuario = this.fb.group({
    email: ['', [Validators.required, Validators.email]],
    password: ['', [Validators.required, Validators.minLength(4)]],
  });

  constructor(private fb: FormBuilder) { }

  ngOnInit() {
  }

}
```

Como podemos ver hemos importado **FormBuilder** y **Validators** que nos permitirán crear un formgroup y establecer las validaciones respectivamente.
En el constructor debemos inyectar FormBuilder.

Creamos el FormGroup **usuario** utilizando el método group de la clase FormBuilder que contiene el campo email al que le aplicamos el validador required y email y el campo password al que aplicamos el validador required y le indicamos que tiene que tener un tamaño mínimo de 4 caracteres.

Ahora vamos a editar el archivo **login.page.html** para crear un formulario para autenticar y/o dar de alta a un usuario:

```
<ion-header>
  <ion-toolbar>
    <ion-title>login</ion-title>
  </ion-toolbar>
</ion-header>
```

```
<ion-content>
  <ion-list>
    <form [formGroup]="usuario">
      <ion-item>
        <ion-label position="floating">Email</ion-label>
        <ion-input
          formControlName="email"
            autocapitalize="off"
        >
        </ion-input>
      </ion-item>
      <ion-label color="danger" *ngIf="usuario.controls.email.errors?.email
&& (usuario.touched || usuario.dirty)">
          * El email no es válido.
      </ion-label>

      <ion-item>
        <ion-label position="floating">Contraseña</ion-label>
        <ion-input
        formControlName="password"
          type="password"
        >
        </ion-input>
      </ion-item>
      <ion-label color="danger"
*ngIf="usuario.controls.password.errors?.minlength && (usuario.touched ||
usuario.dirty)">
          *La contraseña tiene que tener al menos 4 caracteres.
      </ion-label>

      <div class="ion-padding">
        <ion-button
            [disabled]="!usuario.valid"
            (click)="login()"
            type="submit"
            color="primary"
```

```
        expand="block"
      >
        Login
      </ion-button>

      <ion-button
        [disabled]="!usuario.valid"
        (click)="signin()"
        type="submit"
        color="secondary"
        expand="block"
      >
        Dar de alta
      </ion-button>
    </div>
  </form>
</ion-list>
</ion-content>
```

Para simplificar vamos a utilizar el mismo formulario tanto para dar de alta a un usuario como para autenticarnos.

Como podemos ver tenemos un formulario al que con `[formGroup]="usuario"` le asignamos el formgroup **usuario** que hemos creado en el controlador de la página. Luego tenemos dos items con dos inputs, uno para el email y otro para la contraseña. Con `formControlName` le indicamos el campo al que hace referencia cada uno.

Al label de los inputs le decimos que sea de tipo floating con el atributo position="floating", esto produce un efecto de desplazamiento del label al situarnos en el campo. Para saber más sobre el elemento **ion-input** y sus posibilidades podéis consultar la documentación: https://ionicframework.com/docs/api/input.

Después de cada campo hemos añadido una etiqueta ion-label para mostrar un mensaje de error si no se cumplen las condiciones de validación, por ejemplo para el campo email tenemos lo siguiente:

```
<ion-label color="danger" *ngIf="usuario.controls.email.errors?.email &&
(usuario.touched || usuario.dirty)">
```

```
    * El email no es válido.
  </ion-label>
```

Con *ngIf le estamos indicando que muestre el mensaje "* El email no es válido" si existe el error "email" (**usuario.controls.email.errors?.email**)

En este punto si ejecutamos nuestra aplicación con ionic serve seguimos viendo la página inicial con el mapa, para poder ver la página de login que acabamos de crear tendremos que escribir su ruta en el navegador, en este caso la ruta sería login

Un poco más adelante veremos con hacer que aparezca esta página automáticamente cuando el usuario no está logueado, de momento vamos a escribir la ruta a mano para ver esta página.

En el formulario tenemos dos botones, uno para dar hacer login y otro para darnos de alta.

Como todavía no tenemos ningún usuario creado lo primero que vamos ha hacer es el alta de usuario.

Lo primero que necesitamos hacer es crear en el servicio **authService** una función para dar de alta a usuarios. Editamos el archivo **auth.service.ts** y añadimos la función **registerUser:**

```
// Registro de usuario
  registerUser(email: string, password: string){
    return this.afAuth.createUserWithEmailAndPassword( email, password);
  }
```

Como podemos observar mediante el método **createUserWithEmailAndPassword** pasándole como parámetros el email y password creamos un nuevo usuario.

Si nos fijamos el botón **"Dar de alta"** de nuestra página de login tiene asignado al evento **click** la función **signin()**.

Por lo tanto vamos a definir la función **signin** en el controlador **(login.page.ts)**, para ello debemos importar también el servicio **AuthService** que hemos creado anteriormente, también vamos a importar **AlertController** para mostrar los mensajes de error:

```typescript
import { Component, OnInit } from '@angular/core';
import { FormBuilder, Validators } from '@angular/forms';
import { AuthService } from '../services/auth.service';
import { AlertController } from '@ionic/angular';


@Component({
  selector: 'app-login',
  templateUrl: './login.page.html',
  styleUrls: ['./login.page.scss'],
})
export class LoginPage implements OnInit {

  usuario = this.fb.group({
    email: ['', [Validators.required, Validators.email]],
    password: ['', [Validators.required, Validators.minLength(4)]],
  });

  constructor(
    private fb: FormBuilder,
    private auth: AuthService,
    public alertCtrl: AlertController
  ) { }

  ngOnInit() {
  }


  signin() {
    this.auth.registerUser(this.usuario.value.email,
this.usuario.value.password)
```

```
    .then((user) => {
        // El usuario se ha creado correctamente
        this.usuario.controls.email.setValue('');
        this.usuario.controls.password.setValue('');


        this.alertCtrl.create({
            header: 'Nuevo usuario',
            subHeader: 'El usuario se ha creado correctamente',
            buttons: ['Aceptar']
        }).then(alert => {
            alert.present();
        });


    })
    .catch(err => {
        this.alertCtrl.create({
            header: 'Error',
            subHeader: err.message,
            buttons: ['Aceptar']
        }).then(alert => {
            alert.present();
        });
    });
  }
}
```

Como vemos en la función **signin()** llamamos al método **registerUser** que hemos creado anteriormente en el servicio **authService** pasándole como parámetros el email y la contraseña que los obtenemos de formGroup con **this.usuario.value.email** y **this.usuario.value.password** respectivamente.

Si se ha creado el usuario correctamente vaciamos los campos y sacamos un alert informando de que el usuario se a creado correctamente.

Si se ha producido un error mostramos un alert con el mensaje de error que hayamos recibido.

Si vamos al panel de firebase y seleccionamos **Authentication** y la pestaña
USUARIOS veremos algo como esto:

Como podemos ver aún no hay ningún usuario creado, podríamos crear uno desde el
propio panel de firebase pulsando el botón añadir usuario, pero lo que nos interesa es
crearlos directamente desde nuestra aplicación.

Al ejecutar nuestra aplicación en la pantalla login (recuerda que de momento debemos
meter la ruta a mano: http://localhost:8100/login) ahora mostrará la página de login que
hemos creado con el formulario para introducir el email y la contraseña:

Si introducimos una dirección de correo y una contraseña y pulsamos el botón "Dar de
alta" al refrescar la pantalla de firebase ahora veréis el usuario que acabáis de crear en
el panel.

Login de usuarios

Ahora que ya podemos registrar usuarios, los siguiente que vamos a hacer es crear un método para poder logear usuarios en nuestro servicio **authService**:

```
loginUser(email: string, password: string){
 return this.afAuth.signInWithEmailAndPassword(email, password);
}
```

Llamaremos a este método cuando pulsemos en el botón Login de nuestra página de login, por lo tanto vamos a editar **login.page.ts** y añadimos la función login() que se ejecutará al pulsar en el botón:

```
login(){
    this.auth.loginUser(this.usuario.value.email,
this.usuario.value.password).then( result => {
        // El usuario se ha logueado correctamente
    }).catch(err=>{
      this.alertCtrl.create({
        header: 'Error',
        subHeader: err.message,
        buttons: ['Aceptar']
      }).then(alert => {
        alert.present();
      });
    });
  }
```

Llamamos al método loginUser pasándole como parámetros el email y el password del usuario, si es correcto en result obtendremos un objeto con información del usuario, de lo contrario saldrá por el catch y mostraremos un alert con el mensaje de error.

Nos falta un detalle, cuando un usuario se loguea correctamente deberiamos mostrar la página de tabs en lugar de la de login, para conseguirlo vamos a importar Router y a navegar a la página de tabs una vez nos hemos logueado con el método navigate de Router, el código completo de **login.page.ts** quedará de esta manera:

```typescript
import { Component, OnInit } from '@angular/core';
import { FormBuilder, Validators } from '@angular/forms';
import { AuthService } from '../services/auth.service';
import { AlertController } from '@ionic/angular';
import { Router } from '@angular/router';


@Component({
  selector: 'app-login',
  templateUrl: './login.page.html',
  styleUrls: ['./login.page.scss'],
})
export class LoginPage implements OnInit {

  usuario = this.fb.group({
    email: ['', [Validators.required, Validators.email]],
    password: ['', [Validators.required, Validators.minLength(4)]],
  });

  constructor(
    private fb: FormBuilder,
    private auth: AuthService,
    public alertCtrl: AlertController,
    private router: Router
  ) { }

  ngOnInit() {
  }

  signin() {
    this.auth.registerUser(this.usuario.value.email,
this.usuario.value.password)
      .then((user) => {
        // El usuario se ha creado correctamente
        this.usuario.controls.email.setValue('');
```

```
    this.usuario.controls.password.setValue('');

    this.alertCtrl.create({
      header: 'Nuevo usuario',
      subHeader: 'El usuario se ha creado correctamente',
      buttons: ['Aceptar']
    }).then(alert => {
      alert.present();
    });

  })
  .catch(err => {
    this.alertCtrl.create({
      header: 'Error',
      subHeader: err.message,
      buttons: ['Aceptar']
    }).then(alert => {
      alert.present();
    });
  });
}


login(){
  this.auth.loginUser(this.usuario.value.email,
this.usuario.value.password).then( result => {
    // El usuario se ha logueado correctamente
    this.router.navigate(['/tabs']);
  }).catch(err=>{
    this.alertCtrl.create({
      header: 'Error',
      subHeader: err.message,
      buttons: ['Aceptar']
    }).then(alert => {
      alert.present();
    });
  });
```

```
    }

  }
```

Como mencioné anteriormente, ahora necesitamos poner a mano la ruta de la página de login, podríamos hacer que la ruta por defecto al iniciar la aplicación fuese la de login en lugar de la de tabs, sin embargo si queremos que la sesión se mantenga activa la próxima vez que iniciemos la aplicación no es una buena idea obligar a loguearse al usuario cada vez que abrimos la aplicación.
Si te fijas, la mayoría de las aplicaciones que utilizas en el móvil que requieren de un usuario (twitter, youtube… etc), mantienen la sesión y no necesitas volver a loguearte cada vez que abres la aplicación.

Lo ideal es que se compruebe el estado de la sesión, y si no estás logueado entonces te redirija a la página de login.
También podría darse el caso que el usuario pueda acceder a ciertas páginas sin estar logueado pero a otras no.

Para evitar que el usuario pueda acceder a ciertas páginas si no se cumple cierta condición (en este caso estar logueado, pero la condición podría ser otra), tenemos a nuestra disposición los Guards, o guardianes de navegación, que vamos a ver a continuación.

Guards: Guardián de navegación

Necesitamos que si el usuario no está logueado no pueda acceder a las páginas y se le redirija a la página de login.

Para ello vamos a utilizar guards, o guardianes de navegación.
El guardián comprobará si el usuario está logueado y devolverá verdadero / falso.

Vamos a crear un un servicio que nos haga la función de guard impedir que el usuario acceda al resto de páginas si no está logueado.

Desde la consola escribimos el siguiente comando:

```
ionic g service services/authGuard
```

Esto nos habrá generado dentro de la carpeta services un archivo llamado
auth-guard.service.ts.
En este servicio que acabamos de crear necesitamos implementar **CanActivate** para
convertir este servicio en un Guard de Angular.

Por lo tanto vamos a editar este archivo y realizar los siguientes cambios:

```typescript
import { Injectable } from '@angular/core';
import { CanActivate, Router } from '@angular/router';
import { AngularFireAuth } from '@angular/fire/auth';


@Injectable({
 providedIn: 'root'
})
export class AuthGuardService implements CanActivate {
 constructor(
   private router: Router,
   public afAuth: AngularFireAuth,
  ) {}


 canActivate(): Promise<boolean> {
    return new Promise((resolve, reject) => {


      this.afAuth.onAuthStateChanged((user: firebase.User) => {
        if (user) {
        resolve(true);
        } else {
        console.log('El usuario no está logueado');
        this.router.navigate(['/login']);
        resolve(false);
        }
      });
    });
 }
```

```
}
```

Lo primero que hacemos es importar **CanActivate** para poder utilizar el servicio como un Guard de Angular, además importamos **Router** para poder cambiar la ruta y mostrar la página de login en caso de que el usuario no esté logueado.

También hemos importado **AngularFireAuth** para hacer la comprobación de si el usuario está logueado.

Despues tenemos que hacer que la clase **AuthGuardService** implemente **CanActivate**.

En el constructor inyectamos el Router para poder utilizarlo en la clase.
Por último solo nos queda implementar el método **canActivate,** que retorna una promesa con un booleano, true en caso de estar logueado y false en caso contrario.

El método **onAuthStateChanged** comprueba si ha cambiado el estado de autenticación, y en tal caso en **user** obtendremos el un objeto con el usuario y resolvemos la promesa devolviendo true, en caso de no obtener nada en **user** significa que el usuario no está logueado por lo tanto resolvemos la promesa devolviendo false y con **this.router.navigate(['/login'])** cambiamos la ruta para que la página activa sea la de login.

Así de simple es un Guard, simplemente tiene un metodo **canActivate** que devuelve true o false en función de lo que necesitemos comprobar.

Ahora todo lo que tenemos que hacer para evitar que un usuario acceda a una página sin estar logueado es editar **app-routing.module.ts** y añadir el guard que hemos creado a las rutas que queramos proteger:

```typescript
import { NgModule } from '@angular/core';
import { PreloadAllModules, RouterModule, Routes } from '@angular/router';
import { AuthGuardService } from './services/auth-guard.service';


const routes: Routes = [
  {
    path: '',
```

```
      loadChildren: () => import('./tabs/tabs.module').then(m =>
m.TabsPageModule),
    canActivate: [AuthGuardService]
  },
  {
    path: 'login',
    loadChildren: () => import('./login/login.module').then( m =>
m.LoginPageModule)
  },

];
@NgModule({
  imports: [
    RouterModule.forRoot(routes, { preloadingStrategy: PreloadAllModules })
  ],
  exports: [RouterModule]
})
export class AppRoutingModule {}
```

Como vemos lo único de tenemos que hacer es importar el servicio **AuthGuardService** que hemos creado para que haga función de guardián y añadir **canActivate: [AuthGuardService]** en aquellas páginas a las que no queramos que tenga acceso si el usuario no está logueado, en este caso no queremos que acceda la única página que tenemos a este nivel que es la página de tabs.

Logout

Vamos a necesitar un método para cerrar sesión (logout), por lo tanto editamos **auth.service.ts** y añadimos el método logout:

```
// Logout de usuario
logout(){
 this.afAuth.signOut().then(()=>{
  // hemos salido
 })
}
```

Por simplificar vamos a colocar un botón de cerrar sesión en la pestaña info que no la estamos utilizando para nada, abrimos **tab3.page.html** y añadimos el siguiente código:

```html
<ion-header>
 <ion-toolbar>
   <ion-title>
     Info
   </ion-title>
 </ion-toolbar>
</ion-header>
 <ion-content>
 <ion-card>
   <ion-card-header>
     <ion-card-title>Mis sitios:</ion-card-title>
   </ion-card-header>
   <ion-card-content>
     <p>Aplicación de muestra del Tutorial de Ionic - Construye Apps móviles
multiplataforma con ionic desde cero.</p>
   </ion-card-content>
 </ion-card>
 <ion-button (click)="cerrarSesion()" expand="block">Cerrar
Sesión</ion-button>
</ion-content>
```

Simplemente hemos añadido un botón que al hacer clic llamara a la función **cerrarSession()**.

Vamos ahora a definir la función cerrarSesion en el controlador, abrimos **tab3.page.ts** y añadimos el siguiente código:

```
import { Component } from '@angular/core';
import { AuthService } from '../services/auth.service';

@Component({
  selector: 'app-tab3',
  templateUrl: 'tab3.page.html',
  styleUrls: ['tab3.page.scss']
})
export class Tab3Page {

  constructor(public auth: AuthService) {}

  cerrarSesion(){
    this.auth.logout();
  }
}
```

Simplemente importamos el provider **AuthService**, lo inyectamos en el constructor y en la función **cerrarSesion** llamamos al método **logout** que acabamos de crear en authService.

Si probamos ahora nuestra aplicación y accedemos a la pestaña info, al pulsar sobre el botón cerrar sesión nos mostrará de nuevo la página de login.

Esto ocurre como ya he explicado porque el guard que hemos creado en auth-guard.service.ts está "vigilando" el estado de la sesión, y si detecta que no estamos logueados cambia la ruta de navegación a la página de login.

Para que no queden dudas de como debe quedar el servicio **AuthService** vamos a ver a continuación como debe de quedar el código completo del archivo **auth.service.ts:**

```typescript
import { Injectable } from '@angular/core';
import { AngularFireAuth } from '@angular/fire/auth';

@Injectable({
  providedIn: 'root'
})
export class AuthService {

  constructor(public afAuth: AngularFireAuth) { }

  // Registro de usuario
  registerUser(email: string, password: string){
    return this.afAuth.createUserWithEmailAndPassword( email, password);
  }

  loginUser(email: string, password: string){
    return this.afAuth.signInWithEmailAndPassword(email, password);
  }

  // Logout de usuario
  logout(){
    this.afAuth.signOut().then(()=>{
      // hemos salido
    })
  }
}
```

Hemos aprendido a crear usuario y autenticarnos mediante correo electrónico y contraseña en firebase, a continuación vamos a aprender a guardar nuestros sitios en la base de datos de firebase.

Database: Cloud Firestore – Guardar nuestros sitios en la nube

Firebase nos proporciona dos formas de guardar nuestros datos en una base de datos NoSQL: **Realtime Database** y **Cloud Firestore.**

Ambas nos permiten sincronizar los datos en tiempo real, es decir si hay un cambio en los datos de la base de datos estos se actualizan automáticamente en nuestra aplicación.

Según la propia documentación de google:

- **Cloud Firestore** es la base de datos más reciente de Firebase para el desarrollo de apps para dispositivos móviles. Aprovecha lo mejor de Realtime Database con un modelo de datos nuevo y más intuitivo. Cloud Firestore también cuenta con consultas más ricas y rápidas, y la escala se ajusta a un nivel más alto que Realtime Database.
- **Realtime Database** es la base de datos original de Firebase. Es una solución eficiente de baja latencia para las apps para dispositivos móviles que necesitan estados sincronizados entre los clientes en tiempo real.

Google recomienda utilizar Cloud Firestore a la mayoría de los desarrolladores quieren comenzar proyectos nuevos. Cloud Firestore ofrece más funciones, rendimiento y escalabilidad en una infraestructura diseñada para admitir funciones más potentes en las próximas actualizaciones.

Por lo tanto nosotros vamos a utilizar **Cloud Firestore**.

Lo primero que necesitamos hacer es crear una base de datos para nuestro proyecto, para ello vamos a la consola de firebase, seleccionamos nuestro proyecto y seleccionamos la opción **Database** en el menú de la izquierda y pulsamos en el botón **Crear base de datos**:

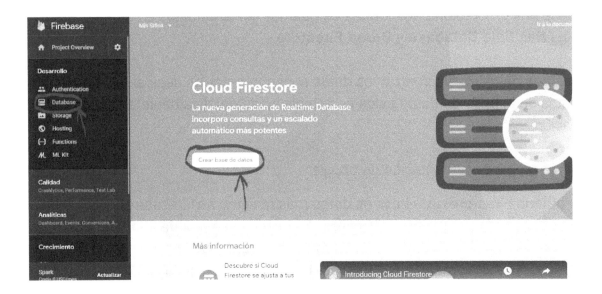

Nos pedirá que definamos las reglas de seguridad para Cloud Firestore:

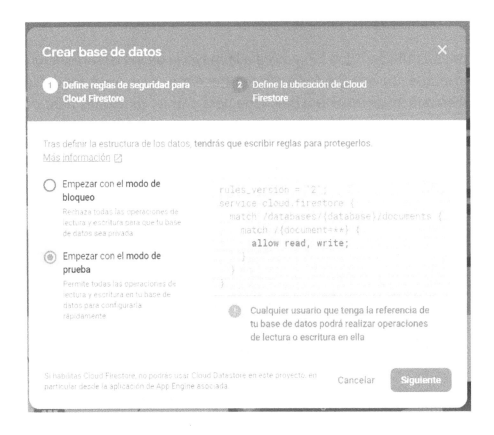

En este momento para realizar pruebas vamos a seleccionar **Comenzar con el modo de prueba**, sin embargo **es muy importante que si tienes un proyecto en producción establezcas unas reglas seguras para tu base de datos**.

Pulsamos en el botón **Siguiente** y nos pedirá que seleccionemos la ubicación donde se guardarán los datos de Cloud Firestore:

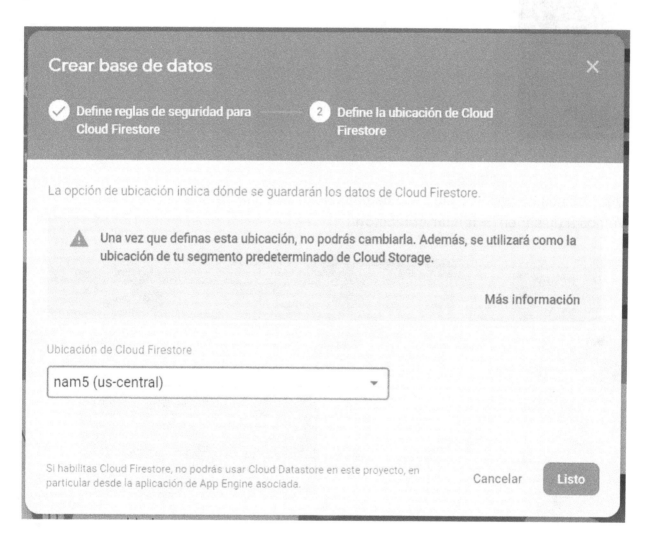

En principio deberemos elegir la ubicación más cercana a donde van a acceder la mayoría de usuarios de tu aplicación para reducir tiempos de acceso, para esta prueba puedes dejar la ubicación por defecto o seleccionar la más cercana a ti.

Pulsamos en el botón listo y tras unos segundos procesando tendremos lista nuestra base de datos.

Una vez nos ha generado la base de datos tenemos que crear una colección.

Vamos a pulsar en "**+ Iniciar colección**":

Una colección es un conjunto de documentos que contienen datos.

Para intentar buscar un símil con las bases de datos SQL, a groso modo y siendo poco estrictos, podemos decir que en firestore las colecciones son como las tablas de SQL las cuales están compuestas de documentos que equivalen a los registros de dichas tablas.

Como ID de colección vamos a poner el nombre que queremos que tenga la colección, en este caso vamos a decir que queremos que se llame **sitios**.

Pulsamos en el botón siguiente y creamos el primer documento:

Añadimos los campos que va a tener el documento.

A diferencia de las bases de datos relacionales los documentos de una colección no tienen porqué tener el mismo número de campos, aunque sí es aconsejable que mantenga la misma estructura.

Los campos que vamos a utilizar son:

- descripción
- foto
- usuario

- lat
- lng

Todos los campos que vamos a utilizar serán de tipo **string**, En realidad vamos a crear los documentos desde la propia app, así que este primer documentos es solamente para iniciar la colección, luego lo podremos eliminar por lo que puedes dejar los campos en blanco o poner cualquier valor.

Una vez creada la colección pulsamos en el botón **Guardar**.

Vamos ha ver como utilizar **Cloud Firestore** para guardar nuestros sitios en la nube directamente desde nuestra aplicación, para ello vamos a crear un service para gestionar nuestros sitios en Firebase Database, por lo tanto desde consola nos situamos dentro de la carpeta de nuestro proyecto y creamos en nuevo service:

```
ionic g service services/firebaseDb
```

Ahora editamos el archivo **firebase-db.service.ts** que se acaba de generar dentro de la carpeta **services** e importamos AngularFirestore y nuestro servicio AuthService quedando de la siguiente manera:

```typescript
import { Injectable } from '@angular/core';
import { AngularFirestore } from '@angular/fire/firestore';
import { AuthService } from './auth.service';

@Injectable({
  providedIn: 'root'
})
export class FirebaseDbService {

  constructor(public asf: AngularFirestore,  public auth: AuthService) { }


}
```

Como necesitamos el id del usuario lo primero que vamos ha hacer es añadir la función

getUser al servicio **AuthService** que creamos en el capítulo anterior, por lo tanto editamos **auth.service.ts** y añadimos esta función:

```
// Obtenemos el id de usuario.
 async getUser(){
  const user = await this.afAuth.currentUser;
  return user.uid;
}
```

El método **this.afAuth.currentUser** nos devuelve una promesa con el usuario actual, hacemos a la función **getUser** asíncrona con async para poder utilizar await que nos permite recoger directamente el resultado de la promesa en la constante **user**. Después retornamos el campo **uid** del usuario.

Bien, ahora que ya podemos obtener el id de usuario vamos a añadir en el archivo **firebase-db.service.ts** un método para guardar nuestros sitios en Firebase database:

```
 async guardaSitio(sitio){
    sitio.usuario = await this.auth.getUser();
      return this.asf.collection('sitios').add(sitio).then((newItem) => {
      console.log(newItem);
    })
    .catch(err => {
      console.log(err);
    });
  }
```

Como vemos la función recibe como parámetros **sitio** que será un objeto con los datos de nuestro sitio.

En firebase se guarda la información con estructura de árbol en formato JSON.

El id de usuario lo obtenemos con la función que acabamos de definir en AuthProvide **this.auth.getUser()**.

Dentro de sitio colgarán los diferentes sitios de cada usuario.

Para verlo más claro en el modal **nuevo-sitio** vamos a modificar el método **guardarSitio** para que en lugar de guardar el sitio en la base de datos local lo guarde en firebase y podamos ver la estructura de cómo se guarda la información en firebase.

Editamos **modal-nuevo-sitio.page.ts** y hacemos los siguientes cambios:

```typescript
import { Component, OnInit } from '@angular/core';
import { ModalController } from '@ionic/angular';
import { FormControl, Validators } from '@angular/forms';
import { Plugins, CameraResultType } from '@capacitor/core';
import { ImgService } from '../services/img.service';
// import { DbService } from '../services/db.service';
import { FirebaseDbService } from '../services/firebase-db.service';


const { Camera } = Plugins;

@Component({
  selector: 'app-modal-nuevo-sitio',
  templateUrl: './modal-nuevo-sitio.page.html',
  styleUrls: ['./modal-nuevo-sitio.page.scss'],
})
export class ModalNuevoSitioPage implements OnInit {

  lat;
  lon;

  description = new FormControl('', Validators.required);

  foto;
  preview;

  constructor(
    private modalCtrl : ModalController,
```

310

```typescript
    public img: ImgService,
//   private db: DbService,
    private dbFirebase: FirebaseDbService
  ) { }


  ngOnInit() {
  }


  cerrarModal(){
    this.modalCtrl.dismiss();
  }


  guardarSitio() {
    const sitio = {
      lat: this.lat,
      lng: this.lon ,
      description: this.description.value,
      foto: this.foto
    };

    /*
    this.db.addSitio(sitio).then((res)=>{
      this.cerrarModal();
      console.log('se ha introducido correctamente en la bd');
    }, (err) => {  console.log('error al meter en la bd ' + err); });
    */

    this.dbFirebase.guardaSitio(sitio).then(res => {
      console.log('Sitio guardado en firebase:');
      this.cerrarModal();
    })


  }

...
```

Como ahora vamos a guardar nuestros sitios en firebase he comentado el import de DbService ya que ahora no lo vamos a utilizar, y en la función **guardarSitio** hemos sustituido la linea **this.db.addSitio...** por **this.dbFirebase.guardaSitio...**

Como vemos llamamos a la función **guardaSitio** del provider **FirebaseDbProvider** que hemos creado más arriba y le pasamos como parámetro el objeto sitio con los datos de nuestro sitio.

Ahora vamos a guardar un nuevo sitio desde nuestra app, rellenamos los campos del formulario del modal nuevo sitio y le damos a guardar, si todo ha ido bien ahora en la consola de firebase veremos algo como esto:

Como vemos al crear un nuevo documento se genera un id automáticamente que es un conjunto de números y letras, cada documento tendrá un id que le diferencia de los demás.

Si pinchas sobre el id verás en la columna de la derecha los campos que contiene el documento.

Cómo hemos generado un primer documento a mano para iniciar la colección, vamos a borrarlo ya que los que nos interesa son los sitios que se guarden desde la app.

Para eliminar una colección debemos la seleccionamos haciendo click en su id y después pinchamos en los tres puntos que hay en la cabecera de la columna central y hacemos clic en eliminar coleccion:

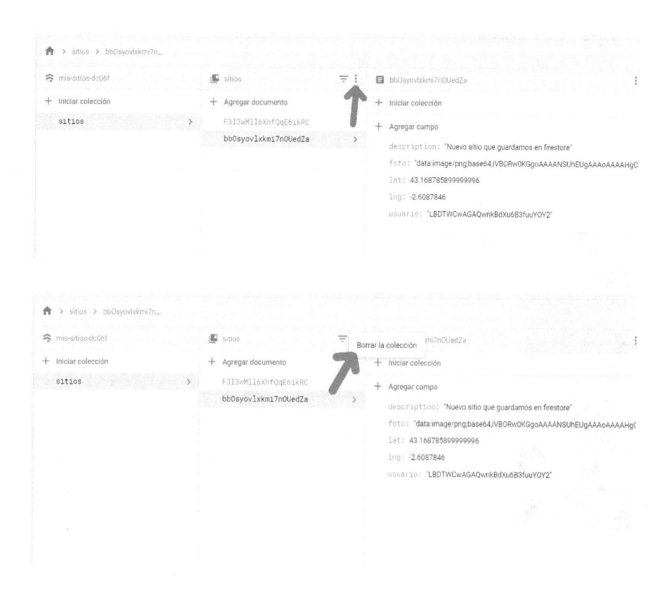

Eliminamos de esta forma la colección que creamos a mano al inicio.

Para hacer las primeras pruebas no hemos definido unas reglas que limiten el acceso.

En este caso lo que nos interesa es que solo los usuarios que estén logueados puedan acceder a la base de datos, para ello vamos a editar las reglas.

Debemos ir a la pestaña reglas y vamos a editar el código para dejarlo de la siguiente manera:

```
rules_version = '2';
service cloud.firestore {
  match /databases/{database}/documents {
```

```
  match /{document=**} {
    allow read, write: if request.auth.uid != null;
  }
 }
}
```

Con esto le estamos indicando que si el uid del usuario no es null permitimos leer y escribir en la base de datos.

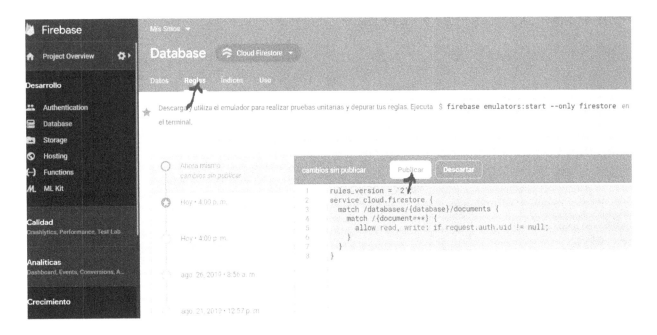

Una vez cambiada las reglas tenemos que pulsar el botón publicar para que tengan efecto.

Obtener listado de sitios de firestore.

Ahora que ya podemos guardar nuestros sitios en firebase vamos a ver cómo podemos obtener todos los sitios que tenemos guardados para mostrarlos en el listado:

Lo primero que vamos ha hacer es crear una función en **firebase-db.service.ts** para obtener el listado de sitios guardados en firebase database:

```
getSitios(uid){
    return this.asf.collection('sitios', ref => ref.where('usuario', '==',
uid)).snapshotChanges()
  }
```

El método **getSitios** recibe como parámetro el uid del usuario.
Al método collection le pasamos como primer parámetro la colección que queremos consultar, en este caso **sitios**, y como segundo parámetro una función de flecha donde recibimos **ref**, que es la referencia a la consulta, donde podemos aplicarle el método **where** para indicarle que los datos obtenidos deben cumplir una condición, en este caso le estamos indicando que el usuario tiene que ser igual al uid que recibimos como parámetro por lo que obtendremos sólo los sitios de nuestro usuario.

El método **snapshotChanges()** nos devolverá un observable cuando se produzcan cambios en la base de datos.

Puedes obtener más información sobre la realización de consultas en firestore en la documentación oficial siguiendo el siguiente link:

https://firebase.google.com/docs/firestore/query-data/queries?hl=es-419

Bien, llegados a este punto vamos a modificar el controlador de la página del listado para que en lugar de obtener los datos de la base de datos local los obtenga directamente de firestore.

Editamos **tab2.page.ts** e importamos **FirebaseDbService**:

```typescript
import { Component } from '@angular/core';
// import { DbService } from '../services/db.service';
import { ImgService } from '../services/img.service';
import { ModalController } from '@ionic/angular';
import { ModalDetalleSitioPage } from
'../modal-detalle-sitio/modal-detalle-sitio.page';
import { AlertController } from '@ionic/angular';
import { FirebaseDbService } from '../services/firebase-db.service';


@Component({
  selector: 'app-tab2',
  templateUrl: 'tab2.page.html',
  styleUrls: ['tab2.page.scss']
})
export class Tab2Page {

  sitios: any = [];

  constructor(
    // private db: DbService,
    public img: ImgService,
    public modalCtrl: ModalController,
    public alertCtrl: AlertController,
    public dbFirebase: FirebaseDbService
  ) {}
  ...
```

He comentado el import de DbService y su inyección en el constructor porque ahora no lo vamos a necesitar.

De momento vamos a comentar también la llamada a la función de **borrarSitio** no nos de error al haber comentado el import del servicio **DbService**, después ya implementaremos la función para borrar de firestore:

```typescript
async borrarSitio(ind){
```

```
const alert = await this.alertCtrl.create({
  header: 'Confirmar borrado',
  message: '¿Estás seguro de que deseas eliminar este sitio?',
  buttons: [
    {
      text: 'No',
      role: 'cancel',
      cssClass: 'secondary',
      handler: (blah) => {
        console.log('Confirm Cancel');
      }
    }, {
      text: 'Si',
      handler: () => {
      // Comentamos las lineas de abajo
        /*   this.db.borraSitio(ind).then(() => {
              this.getSitios();
            }); */
      }
    }
  ]
});
await alert.present()
}
```

Ahora antes de llamar a **getSitios()** necesitamos el uid de nuestro usuario, para ello vamos a crear una propiedad llamada **userId**, para poder obtener el id del usuario logueado necesitamos importar nuestro servicio **AuthService**.
En el método **ionViewWillEnter** obtenemos el usuario y acto seguido llamamos a getSitios. Los cambios que debemos hacer en **tab2.page.ts** son los siguientes:

```
import { Component } from '@angular/core';
// import { DbService } from '../services/db.service';
import { ImgService } from '../services/img.service';
import { ModalController } from '@ionic/angular';
```

```typescript
import { ModalDetalleSitioPage } from
'../modal-detalle-sitio/modal-detalle-sitio.page';
import { AlertController } from '@ionic/angular';
import { FirebaseDbService } from '../services/firebase-db.service';
import { AuthService } from '../services/auth.service';



@Component({
  selector: 'app-tab2',
  templateUrl: 'tab2.page.html',
  styleUrls: ['tab2.page.scss']
})
export class Tab2Page {

  sitios: any = [];
  userId = '';

  constructor(
   // private db: DbService,
    public img: ImgService,
    public modalCtrl: ModalController,
    public alertCtrl: AlertController,
    public dbFirebase: FirebaseDbService,
    public auth: AuthService,
    ) {}

  async ionViewWillEnter() {
    this.auth.getUser().then(uid =>{
      this.userId = uid;
      this.getSitios();
    })
  }
```

Ahora vamos a modificar la función **getSitios()** en **tab2.page.ts** para obtener los sitios desde nuestro servicio **FirebaseDbService** en lugar de la base de datos local, voy a comentar el código antiguo y a añadir el código que tiene que quedar ahora:

```
getSitios(){
  /* this.db.getSitios().then((res)=> {
    if(res)
    {
      console.log(res);
      this.sitios = [];
      // tslint:disable-next-line:prefer-for-of
      for(let i = 0; i < res.length; i++)
      {
        res[i].preview = this.img.getImage(res[i].foto);
        this.sitios.push(res[i]);
      }
    }
  }); */
  this.dbFirebase.getSitios(this.userId).subscribe(res=>{
    this.sitios = [];
    res.forEach(element => {
      const sitio: any = element.payload.doc.data();
      sitio.id =  element.payload.doc.id;
      sitio.preview = this.img.getImage(sitio.foto);
      this.sitios.push(sitio);
    });
  });

}
```

Analicemos paso a paso cómo funciona este método:

Llamamos al método getSitios de nuestro servicio dbFirebase y le pasamos this.userId.

Esta función nos va a devolver un observable así que nos suscribimos a el.

En **res** recibimos los datos obtenidos desde firestore, vaciamos el array **this.sitios** y después recorremos res con con el método `forEach` y cada elemento lo obtenemos en el parámetro **element,** a su vez los campos que componen cada documento se obtienen llamando al método **element.payload.doc.data()**.

```
const sitio: any = element.payload.doc.data();
```

También vamos a necesitar guardar el id del sitio que se genera automáticamente cuando añadimos un nuevo sitio a firestore:

```
sitio.id = element.payload.doc.id;
```

Este id lo utilizaremos después para borrar o modificar un sitio en la base de datos de firestore.

Al igual que hacíamos cuando extraíamos los datos de la base de datos local para poder utilizar la imagen vamos a añadirle al sitio la propiedad **preview** utilizando el método **getImage** del servicio **ImgService** como ya vimos anteriormente:

```
sitio.preview = this.img.getImage(sitio.foto);
```

Después añadimos el sitio al array **this.sitios:**

```
this.sitios.push(sitio);
```

Como hemos comentado método **getSitios()** de nuestro servicio nos devuelve un observable, por lo que nos suscribimos al resultado. Aquí podemos ver claramente la diferencia entre un observable y una promesa.

Como ya sabemos una promesa ejecuta lo que tengamos definido en **then(res=>{ …})** una vez tenga listo el resultado, pero esto se ejecuta una única vez, sin embargo un observable va a ejecutar lo que tengamos definido en **.subscribe(res=>{…})** cada vez que haya un cambio en el resultado. Por ejemplo si desde la consola de firebase cambiamos a mano el campo **description** de nuestro sitio, este se verá automáticamente reflejado en nuestra aplicación, es interesante hacer la prueba.

En este momento ya podemos guardar sitios en firebase y mostrarlos en el listado:

Lo siguiente que vamos ha hacer es la modificación de los sitios guardados.

Para ello primero vamos ha hacer es crear la función **actualizaSitio** en nuestro servicio **FirebaseDbService**:

```
actualizaSitio(sit,id){
    const sitio: any = {
        description: sit.description,
        foto: sit.foto,
        lat: sit.lat,
        lng: sit.lng,
        usuario: sit.usuario
```

```
  }

    return this.asf.collection('sitios').doc(id).update(sitio);
  }
```

No nos interesa guardar en el documento todos los campos que tenemos ahora mismo en el sitio que le vamos a pasar, como el atributo preview o el id que se guarda como índice pero no como campo del documento, por lo tanto creamos un nuevo objeto llamado sitio y le pasamos los datos que vamos a guardar. Después con la función **update** actualizamos el sitio en firestore.

Ahora vamos a editar el archivo **modal-detalle-sitio.page.ts** para modificar la función **guardarSitio** para que guarde los cambios en firebase en lugar de en la base de datos local, para ello vamos a importar **FirebaseDbService** para poder llamar a la función **actualizarSitio** que acabamos de crear quedando el código de esta manera:

```typescript
import { Component, OnInit } from '@angular/core';
import { ModalController } from '@ionic/angular';
import { ImgService } from '../services/img.service';
import { Plugins, CameraResultType } from '@capacitor/core';
// import { DbService } from '../services/db.service';
import { FirebaseDbService } from '../services/firebase-db.service';
const { Camera } = Plugins;


@Component({
  selector: 'app-modal-detalle-sitio',
  templateUrl: './modal-detalle-sitio.page.html',
  styleUrls: ['./modal-detalle-sitio.page.scss'],
})
export class ModalDetalleSitioPage implements OnInit {

  sitio: any;
  ind: number;
  edit = false;
```

```
  constructor(
    private modalCtrl: ModalController,
    public img: ImgService,
//    private db: DbService
    public dbFirebase: FirebaseDbService
  ) { }

  ngOnInit() {
  }

  cerrarModal(){
    this.modalCtrl.dismiss();
  }

  comoLlegar() {

    const destino = this.sitio.lat + ', ' + this.sitio.lng;

    const device = navigator.userAgent;

    let url = 'http://maps.google.com?daddr=' + destino;

    if (device.match(/Iphone/i) || device.match(/iPhone|iPad|iPod/i)) {
        // iOs
        url =
'http://maps.apple.com/maps?saddr=Current%20Location&daddr=' + destino;
      } else if (device.match(/Android/i)) {
        // Android
        url = 'geo:0,0?q=' + destino;
      }


    window.open(url, '_system', 'location=yes');


  }
```

```
editar(){
  this.edit = true;
}


async sacarFoto(){
  try {
    const profilePicture = await Camera.getPhoto({
    quality: 50,
    height: 400,
    width: 600,
    allowEditing: false,
    resultType: CameraResultType.Base64,
    });
    this.sitio.foto = 'data:image/png;base64,' +
profilePicture.base64String;
    this.sitio.preview = this.img.getImage(this.sitio.foto);
  } catch (error) {
    console.error(error);
  }
}

guardarSitio() {
  /* this.db.modificaSitio(this.sitio, this.ind).then((res) => {
    this.edit = false;
    console.log('se ha introducido correctamente en la bd');
  }, (err) => {  console.log('error al meter en la bd ' + err); }); */

  this.dbFirebase.actualizaSitio(this.sitio, this.sitio.id).then((res) => {
    this.edit = false;
    console.log('se ha introducido correctamente en la bd');
  }, (err) => {  console.log('error al meter en la bd ' + err); });

}
```

```
}
```

Una vez mas he comentado todas las referencias a **DbService** porque ya no lo estamos utilizando.

Ahora si pruebas la aplicación con el panel de firebase abierto podrás ver que si modificas un sitio que tengas guardado automáticamente se verá reflejado este cambio en el registro de firebase.

Para concluir solo nos queda eliminar sitios.

Vamos a añadir a **FirebaseDbService** en el archivo **firebase-db.service.ts** una función para eliminar un sitio de la base de datos de firebase:

```
public borrarSitio(id){
    return this.asf.collection('sitios').doc(id).delete();
}
```

Como puedes ver es muy sencillo, solo necesitamos recibir el id del sitio que queremos eliminar y seleccionamos la colección 'sitios' y el documento con el id recibido y lo eliminamos con la función delete.

Ahora en el listado solo tenemos que sustituir la llamada a **borrarSitio()** de la base de datos local de **DbService** por la función que acabamos de crear en **FirebaseDbService**, por lo tanto editamos el archivo **tab2.page.ts** y dejamos la función **borrarSitio()** de la siguiente manera:

```
async borrarSitio(id){
    const alert = await this.alertCtrl.create({
      header: 'Confirmar borrado',
      message: '¿Estás seguro de que deseas eliminar este sitio?',
      buttons: [
        {
          text: 'No',
          role: 'cancel',
          cssClass: 'secondary',
```

```
      handler: (blah) => {
        console.log('Confirm Cancel');
      }
    }, {
      text: 'Si',
      handler: () => {
/*      this.db.borraSitio(ind).then(() => {
          this.getSitios();
        }); */
        this.dbFirebase.borrarSitio(id);
      }
    }
  ]
});
await alert.present();
}
```

Una vez más comentamos el código que utilizábamos para eliminar el sitio de la base de datos local.

Hemos cambiado ind por id, ya que no necesitamos el índice con la posición que ocupa el sitio en el array sino que necesitamos el id del sitio en la base de datos.

Vamos a editar **tab2.page.html** para pasarle a la función borrar sitio el id del sitio en lugar de su índice:

```
<ion-header>
  <ion-toolbar>
    <ion-title>
      Listado
    </ion-title>
  </ion-toolbar>
</ion-header>
  <ion-content>
  <ion-list>
```

```html
<ion-item-sliding *ngFor="let sitio of sitios; let i = index">
    <ion-item (click)="muestraSitio(sitio, i)">
  <ion-thumbnail slot="start">
    <img [src]="sitio.preview">
  </ion-thumbnail>
  <ion-label>{{ sitio.description }}</ion-label>
  </ion-item>
  <ion-item-options side="end">
    <ion-item-option color="danger" (click)="borrarSitio(sitio.id)">
<ion-icon slot="start" name="trash"></ion-icon>Borrar</ion-item-option>
  </ion-item-options>
  </ion-item-sliding>
 </ion-list>
</ion-content>
```

Como podemos observar ya no necesitamos obtener de nuevo los sitios una vez borrado para que se refresque el listado ya que al ser firebase una base de datos en tiempo real el listado se actualiza automáticamente.

Podéis probar a borrar un sitio y veréis como el sitio se elimina automáticamente en el panel de firebase y el listado se actualiza.

Con esto ya podemos hacer muchas cosas interesantes utilizando firebase, seguro que se os ocurren grandes ideas para realizar apps utilizando firebase como backend.

Puedes descargar o clonar este proyecto desde GitHub en el siguiente link:

https://github.com/edurevilla/libro-ionic-5-mis-sitios-firebase

Apache Cordova

A lo largo de este libro hemos utilizado Capacitor para convertir nuestra aplicación en una aplicación nativa ejecutable en Android e iOS, sin embargo tenemos también la opción de utilizar apache cordova, aunque el objetivo de ambos es similar funcionan de manera algo diferente.
Utilizar Capacitor o Cordova tiene sus ventajas y desventajas, depende de las necesidades de tu proyecto puede que te interese más utilizar uno u otro.
Vamos a ver a aprender a utilizar Cordova en nuestros proyectos.

Para poder utilizar Apache Cordova tenemos que instalarlo si no lo tenemos, para ello desde consola ejecutamos el siguiente parámetro.

```
npm install -g cordova
```

Añadiendo plataformas

Lo primero que tenemos que hacer es añadir la plataforma en la que queremos probar nuestra aplicación.

Para añadir una plataforma utilizamos el siguiente comando desde consola, recordad que debemos estar siempre dentro de la carpeta de nuestro proyecto:

```
ionic platform add nombre_plataforma
```

Para ver qué plataformas hay disponibles utilizamos el comando **ionic cordova platform ls** que nos muestra algo como esto:

```
> cordova platform ls
√ Running command - done!
Installed platforms:

Available platforms:
  android ~6.2.2
  blackberry10 ~3.8.0 (deprecated)
  browser ~4.1.0
  webos ~3.7.0
  windows ~5.0.0
```

Por lo tanto si queremos probar nuestra app en android escribiremos:

```
ionic cordova platform add android
```

Esto nos creará una carpeta llamada platforms si no estaba creada, y añadirá una carpeta android con todo el código necesario para poder generar un archivo apk instalable.

Ejecutando nuestra app en el dispositivo móvil

Una vez tenemos añadida la plataforma si conectamos nuestro móvil con un cable usb a nuestro pc podemos ejecutar la app directamente en el dispositivo con el siguiente comando:

```
ionic cordova run android
```

Podemos utilizar algunos parámetros para mostrar por consola los logs y hacer *live reload* para que al realizar cambios se reflejen automáticamente en nuestra app en tiempo real sin tener que volver a ejecutar el comando, para ello podemos ejecutar el comando con los siguientes parámetros:

```
ionic cordova run android -l -c -s
```

Para saber más sobre los parámetros disponibles de ionic cordova run puedes consultar la documentación en el siguiente enlace:

https://ionicframework.com/docs/cli/commands/cordova-run

Si no disponéis de un dispositivo también podéis emular la aplicación utilizando ionic emulate:

```
ionic cordova emulate android
```

En ios también puedes entrar en la carpeta platforms/ios y abrir el archivo con extensión .xcodeproj desde Xcode y ejecutarlo o emularlo desde Xcode.

Ionic Native

Con **ionic native** lo que hacemos es instalar un plugin que nos da acceso a alguna característica nativa del móvil como la cámara, el gps, la brújula etc a través de typescript sin tener que programar nosotros en código nativo (Java para Android, Swift o objetive c para iOS).

Todos los plugins tienen dos componentes: el código nativo (Cordova) y el código JavaScript. Los plugins de Cordova se envuelven en una Promesa u Observable para proporcionar una interfaz común.

Para utilizarlos simplemente instalamos el plugin y luego importamos el plugin de **ionic-native**.

En la documentación de ionic podemos ver todos los plugins disponibles en ionic native:

https://ionicframework.com/docs/native/overview

En capítulos posteriores de este libro veremos cómo acceder a la cámara del móvil utilizando capacitor, pero ahora vamos a ver un pequeño ejemplo de cómo utilizar ionic native con apache cordova para acceder a la cámara del móvil.

Vamos a crear un nuevo proyecto:

```
ionic start ionicnative blank
```

Como siempre seleccionamos Angular como framework.

Ahora vamos a editar el archivo **home.page.html** para añadir un botón con el que llamaremos a una función donde luego accederemos a la cámara de fotos:

```
<ion-header>
  <ion-toolbar>
    <ion-title>
```

```
    Foto
  </ion-title>
 </ion-toolbar>
</ion-header>

<ion-content>
  <div text-center>
    <img *ngIf="foto" [src]="foto" />
    <ion-button (click)="sacarFoto()">Foto</ion-button>
  </div>
</ion-content>
```

Hemos añadido una etiqueta img donde luego mostraremos la fotografía que tomemos desde la cámara, en el atributo src le asignamos la variable foto que posteriormente definiremos en el controlador. Con ***ngIf** le indicamos que solamente se muestre si la variable foto no está vacía, por lo que solo se mostrará una vez hayamos realizado una fotografía.

Bien, ahora tenemos que instala el plugin de la camará. En la documentación de Ionic Native podemos ver como instalar el plugin:

https://ionicframework.com/docs/native/camera

Lo primero que tenemos que hacer es instalar el plugin de apache cordova y el wrapper de ionic native:

```
ionic cordova plugin add cordova-plugin-camera
```

```
npm install @ionic-native/camera
```

Para poder utilizar el plugin lo primero que tenemos que hacer es importarlo y declararlo en los providers en **app.module.ts:**

```
import { NgModule } from '@angular/core';
import { BrowserModule } from '@angular/platform-browser';
```

```typescript
import { RouteReuseStrategy } from '@angular/router';


import { IonicModule, IonicRouteStrategy } from '@ionic/angular';
import { SplashScreen } from '@ionic-native/splash-screen/ngx';
import { StatusBar } from '@ionic-native/status-bar/ngx';


import { AppComponent } from './app.component';
import { AppRoutingModule } from './app-routing.module';
import { Camera } from '@ionic-native/camera/ngx';



@NgModule({
  declarations: [AppComponent],
  entryComponents: [],
  imports: [BrowserModule, IonicModule.forRoot(), AppRoutingModule],
  providers: [
    StatusBar,
    SplashScreen,
    Camera,
    { provide: RouteReuseStrategy, useClass: IonicRouteStrategy }
  ],
  bootstrap: [AppComponent]
})
export class AppModule {}
```

Ahora en **home.page.ts** tenemos que importar el plugin e inyectarlo en el constructor:

```typescript
import { Component } from '@angular/core';
import { Camera, CameraOptions } from '@ionic-native/camera/ngx';

@Component({
  selector: 'app-home',
  templateUrl: 'home.page.html',
  styleUrls: ['home.page.scss'],
})
export class HomePage {
```

```
  constructor(private camera: Camera) {}
```

}

Ahora ya podemos crear la función **sacarFoto()** donde introduciremos el código
necesario para utilizar la cámara de nuestro móvil:

```typescript
import { Component } from '@angular/core';
import { Camera, CameraOptions } from '@ionic-native/camera/ngx';

@Component({
  selector: 'app-home',
  templateUrl: 'home.page.html',
  styleUrls: ['home.page.scss'],
})
export class HomePage {

  foto: any;

  constructor(private camera: Camera) {}

  sacarFoto(){
    const options: CameraOptions = {
      quality: 100,
      destinationType: this.camera.DestinationType.DATA_URL,
      encodingType: this.camera.EncodingType.JPEG,
      mediaType: this.camera.MediaType.PICTURE
    }

    this.camera.getPicture(options).then((imageData) => {
        this.foto = 'data:image/jpeg;base64,' + imageData;
    }, (err) => {
      // Handle error
    });
  }
```

}

Ya solo nos falta probar nuestra aplicación en un dispositivo móvil, así que seguimos los pasos que hemos indicado anteriormente para ejecutar una aplicación con Apache Cordova, lo primero que haremos por lo tanto es añadir las plataformas, por ejemplo para android escribimos en consola:

```
ionic cordova platform add android
```

Una vez tenemos añadida la plataforma si conectamos nuestro móvil con un cable usb a nuestro pc podemos ejecutar la app directamente en el dispositivo con el siguiente comando:

```
ionic cordova run android
```

Para la plataforma iOS el proceso será similar cambiando android por ios, si todo ha ido bien veremos nuestra aplicación ejecutándose en nuestro dispositivo móvil:

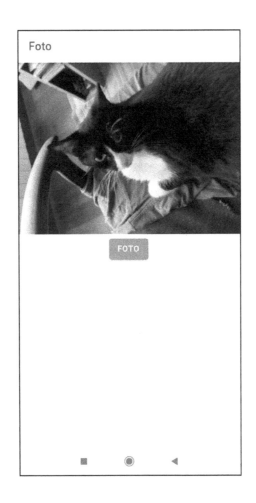

Preparar la app para la publicación usando cordova

Generar el splash screen y los iconos

Al iniciar la aplicación se muestra el splash screen que sería una especie de "pantalla de bienvenida" mientras se termina de cargar la aplicación. En este caso nos muestra el splash screen de ionic, pero lo interesante es poder utilizar nuestro splash personalizado. También necesitaremos cambiar el icono de la app que es el que se muestra en nuestro móvil y nos ayuda a diferenciarla del resto de aplicaciones instaladas.

Para cada plataforma hay que crear un montón de splash screen y de iconos de diferentes tamaños. Por ejemplo si añadís la plataforma android a un proyecto de ionic y miráis dentro de vuestro proyecto en **platforms/android/res** veréis que se han creado un montón de carpetas que contienen el splash screen de ionic y el icono en diferentes tamaños.

Generar esto a mano es bastante engorroso y podemos tardar bastante tiempo.

A día de hoy si utilizamos Capacitor tenemos que crear a mano estos recursos, si utilizamos Apache Cordova podemos generar todo esto automáticamente partiendo únicamente de dos imágenes, una para el splash screen y otra para el icono.

Para ello cuenta con el comando **ionic cordova resources.**

Lo único que debes hacer es crear dos imágenes, una llamada **icon.png** de tamaño 1024x1024 pixels para el icono y otra llamada **splash.png** de 2732x2732 pixels para el splash screen y situarlas dentro de una carpeta llamada **resources** en raid del proyecto.

Luego para generar todos los tamaños necesarios del icono para android y para ios utilizamos el siguiente comando desde consola:

```
ionic cordova resources --icon
```

Y para generar el splash utilizaremos el siguiente comando:

```
ionic cordova resources --splash
```

Para generar ambos a la vez simplemente utilizamos:

```
ionic cordova resources
```

Esto nos ahorra muchísimo tiempo preparando las imágenes en todos los tamaños necesarios.

Configurando nuestra app: Modificando el archivo config.xml

Al crear un proyecto nuevo en ionic y cordova se genera automáticamente un archivo llamado **config.xml** en la carpeta raid del proyecto.

Este archivo contiene todas las configuraciones necesarias para nuestra app. Algunos plugins que instalamos modificarán este archivo para añadir los permisos necesarios, puede que en alguna ocasión necesitemos añadir a mano algún permiso especial, pero también tenemos algunas configuraciones básicas como el nombre de la app, el paquete y la versión que deberemos configurar antes de compilar nuestra app para publicarla.

Vamos a abrir por ejemplo el archivo **config.xml** del proyecto **ionicnative** que creamos en el capitulo anterior para ver qué contiene:

```xml
<?xml version='1.0' encoding='utf-8'?>
<widget id="io.ionic.starter" version="0.0.1"
xmlns="http://www.w3.org/ns/widgets"
xmlns:cdv="http://cordova.apache.org/ns/1.0">
    <name>MyApp</name>
    <description>An awesome Ionic/Cordova app.</description>
    <author email="hi@ionicframework.com"
href="http://ionicframework.com/">Ionic Framework Team</author>
    <content src="index.html" />
    <access origin="*" />
    <allow-intent href="http://*/*" />
    <allow-intent href="https://*/*" />
    <allow-intent href="tel:*" />
    <allow-intent href="sms:*" />
    <allow-intent href="mailto:*" />
    <allow-intent href="geo:*" />
    <preference name="ScrollEnabled" value="false" />
    <preference name="android-minSdkVersion" value="19" />
    <preference name="BackupWebStorage" value="none" />
    <preference name="SplashMaintainAspectRatio" value="true" />
```

```xml
<preference name="FadeSplashScreenDuration" value="300" />
<preference name="SplashShowOnlyFirstTime" value="false" />
<preference name="SplashScreen" value="screen" />
<preference name="SplashScreenDelay" value="3000" />
<platform name="android">
    <edit-config file="app/src/main/AndroidManifest.xml" mode="merge"
target="/manifest/application"
xmlns:android="http://schemas.android.com/apk/res/android">
        <application
android:networkSecurityConfig="@xml/network_security_config" />
    </edit-config>
    <resource-file
src="resources/android/xml/network_security_config.xml"
target="app/src/main/res/xml/network_security_config.xml" />
    <allow-intent href="market:*" />
    <icon density="ldpi"
src="resources/android/icon/drawable-ldpi-icon.png" />
    <icon density="mdpi"
src="resources/android/icon/drawable-mdpi-icon.png" />
    <icon density="hdpi"
src="resources/android/icon/drawable-hdpi-icon.png" />
    <icon density="xhdpi"
src="resources/android/icon/drawable-xhdpi-icon.png" />
    <icon density="xxhdpi"
src="resources/android/icon/drawable-xxhdpi-icon.png" />
    <icon density="xxxhdpi"
src="resources/android/icon/drawable-xxxhdpi-icon.png" />
    <splash density="land-ldpi"
src="resources/android/splash/drawable-land-ldpi-screen.png" />
    <splash density="land-mdpi"
src="resources/android/splash/drawable-land-mdpi-screen.png" />
    <splash density="land-hdpi"
src="resources/android/splash/drawable-land-hdpi-screen.png" />
```

```
        <splash density="land-xhdpi"
src="resources/android/splash/drawable-land-xhdpi-screen.png" />
        <splash density="land-xxhdpi"
src="resources/android/splash/drawable-land-xxhdpi-screen.png" />
        <splash density="land-xxxhdpi"
src="resources/android/splash/drawable-land-xxxhdpi-screen.png" />
        <splash density="port-ldpi"
src="resources/android/splash/drawable-port-ldpi-screen.png" />
        <splash density="port-mdpi"
src="resources/android/splash/drawable-port-mdpi-screen.png" />
        <splash density="port-hdpi"
src="resources/android/splash/drawable-port-hdpi-screen.png" />
        <splash density="port-xhdpi"
src="resources/android/splash/drawable-port-xhdpi-screen.png" />
        <splash density="port-xxhdpi"
src="resources/android/splash/drawable-port-xxhdpi-screen.png" />
        <splash density="port-xxxhdpi"
src="resources/android/splash/drawable-port-xxxhdpi-screen.png" />
    </platform>
    <platform name="ios">
        <allow-intent href="itms:*" />
        <allow-intent href="itms-apps:*" />
        <icon height="57" src="resources/ios/icon/icon.png" width="57" />
        <icon height="114" src="resources/ios/icon/icon@2x.png" width="114"
/>
        <icon height="29" src="resources/ios/icon/icon-small.png" width="29"
/>
        <icon height="58" src="resources/ios/icon/icon-small@2x.png"
width="58" />
        <icon height="87" src="resources/ios/icon/icon-small@3x.png"
width="87" />
        <icon height="20" src="resources/ios/icon/icon-20.png" width="20" />
```

```
        <icon height="40" src="resources/ios/icon/icon-20@2x.png" width="40"
/>
        <icon height="60" src="resources/ios/icon/icon-20@3x.png" width="60"
/>
        <icon height="48" src="resources/ios/icon/icon-24@2x.png" width="48"
/>
        <icon height="55" src="resources/ios/icon/icon-27.5@2x.png"
width="55" />
        <icon height="29" src="resources/ios/icon/icon-29.png" width="29" />
        <icon height="58" src="resources/ios/icon/icon-29@2x.png" width="58"
/>
        <icon height="87" src="resources/ios/icon/icon-29@3x.png" width="87"
/>
        <icon height="40" src="resources/ios/icon/icon-40.png" width="40" />
        <icon height="80" src="resources/ios/icon/icon-40@2x.png" width="80"
/>
        <icon height="120" src="resources/ios/icon/icon-40@3x.png"
width="120" />
        <icon height="88" src="resources/ios/icon/icon-44@2x.png" width="88"
/>
        <icon height="50" src="resources/ios/icon/icon-50.png" width="50" />
        <icon height="100" src="resources/ios/icon/icon-50@2x.png"
width="100" />
        <icon height="60" src="resources/ios/icon/icon-60.png" width="60" />
        <icon height="120" src="resources/ios/icon/icon-60@2x.png"
width="120" />
        <icon height="180" src="resources/ios/icon/icon-60@3x.png"
width="180" />
        <icon height="72" src="resources/ios/icon/icon-72.png" width="72" />
        <icon height="144" src="resources/ios/icon/icon-72@2x.png"
width="144" />
        <icon height="76" src="resources/ios/icon/icon-76.png" width="76" />
```

```
        <icon height="152" src="resources/ios/icon/icon-76@2x.png"
width="152" />
        <icon height="167" src="resources/ios/icon/icon-83.5@2x.png"
width="167" />
        <icon height="172" src="resources/ios/icon/icon-86@2x.png"
width="172" />
        <icon height="196" src="resources/ios/icon/icon-98@2x.png"
width="196" />
        <icon height="1024" src="resources/ios/icon/icon-1024.png"
width="1024" />
        <splash height="480" src="resources/ios/splash/Default~iphone.png"
width="320" />
        <splash height="960" src="resources/ios/splash/Default@2x~iphone.png"
width="640" />
        <splash height="1024"
src="resources/ios/splash/Default-Portrait~ipad.png" width="768" />
        <splash height="768"
src="resources/ios/splash/Default-Landscape~ipad.png" width="1024" />
        <splash height="1125"
src="resources/ios/splash/Default-Landscape-2436h.png" width="2436" />
        <splash height="1242"
src="resources/ios/splash/Default-Landscape-736h.png" width="2208" />
        <splash height="2048"
src="resources/ios/splash/Default-Portrait@2x~ipad.png" width="1536" />
        <splash height="1536"
src="resources/ios/splash/Default-Landscape@2x~ipad.png" width="2048" />
        <splash height="2732"
src="resources/ios/splash/Default-Portrait@~ipadpro.png" width="2048" />
        <splash height="2048"
src="resources/ios/splash/Default-Landscape@~ipadpro.png" width="2732" />
        <splash height="1136"
src="resources/ios/splash/Default-568h@2x~iphone.png" width="640" />
```

```xml
        <splash height="1334" src="resources/ios/splash/Default-667h.png"
width="750" />
        <splash height="2208" src="resources/ios/splash/Default-736h.png"
width="1242" />
        <splash height="2436" src="resources/ios/splash/Default-2436h.png"
width="1125" />
        <splash height="2732"
src="resources/ios/splash/Default@2x~universal~anyany.png" width="2732" />
    </platform>
    <plugin name="cordova-plugin-whitelist" spec="1.3.3" />
    <plugin name="cordova-plugin-statusbar" spec="2.4.2" />
    <plugin name="cordova-plugin-device" spec="2.0.2" />
    <plugin name="cordova-plugin-splashscreen" spec="5.0.2" />
    <plugin name="cordova-plugin-ionic-webview" spec="^4.0.0" />
    <plugin name="cordova-plugin-ionic-keyboard" spec="^2.0.5" />
    <plugin name="cordova-plugin-camera" spec="^4.1.0" />
    <engine name="android" spec="7.0.0" />
</widget>
```

Si has instalado esta aplicación en tu teléfono verás que el nombre de la aplicación que aparece junto al icono en tu móvil es "MyApp", Para cambiar esto debemos modificar la etiqueta name y poner el nombre de vuestra aplicación, por ejemplo Ionic Native:

```xml
<?xml version='1.0' encoding='utf-8'?>
<widget id="io.ionic.starter" version="0.0.1"
xmlns="http://www.w3.org/ns/widgets"
xmlns:cdv="http://cordova.apache.org/ns/1.0">
    <name>Ionic Native</name>
    <description>An awesome Ionic/Cordova app.</description>
    <author email="hi@ionicframework.com"
href="http://ionicframework.com/">Ionic Framework Team</author>
    <content src="index.html" />
```

...

Otra cosa que debemos cambiar es el nombre del paquete que por defecto aparece como **io.ionic.starter** , la convención dice que se debe utilizar el dominio de nuestra organización o empresa en orden inverso seguido del nombre de nuestra aplicación sin espacios en blanco, por ejemplo si el dominio de nuestra empresa es appsgeniales.com y el nombre de nuestra app es mis Sitios le podemos llamar al paquete **com.appsgeniales.ionicNative**, si no tenéis un dominio os podéis inventar uno siempre que no pertenezca ya a alguien.

Por lo tanto en la etiqueta widget pondremos lo siguiente:

```xml
<?xml version='1.0' encoding='utf-8'?>
<widget id="com.appsgeniales.ionicNative" version="0.0.1"
xmlns="http://www.w3.org/ns/widgets"
xmlns:cdv="http://cordova.apache.org/ns/1.0">
    <name>Ionic Native</name>
```

Otra cosa que podemos cambiar es la versión, si es la primera versión de la app puedes dejarla en **0.0.1**, pero si más adelante sacas una nueva versión deberás cambiar este número.

También podemos cambiar la descripción y el autor de la app que vienen por defecto.

Ahora si ejecutamos por ejemplo el comando **ionic cordova run android** para ejecutar la app en nuestro dispositivo android veremos que nos ha creado una app nueva con el nombre que le hemos dado, si ya tenias la app instalada antes de hacer estos cambios verás que ha generado una nueva en lugar de sustituir la ya existente, esto es porque lo que identifica a una app es el nombre del paquete y al cambiarlo considera que es otra app.

Evitar rotación de pantalla

Otra cosa que podemos configurar en **config.xml** es la orientación de la pantalla. Si no especificamos nada al girar la pantalla el contenido se adaptará a la nueva posición, es decir podemos poner el móvil en horizontal o en vertical y el contenido se adaptará a la posición.

Si queremos que el contenido se muestra solo en vertical y que al girar el móvil este no cambie podemos añadir esta línea en las preferencias del archivo **config.xml**:

```xml
<?xml version='1.0' encoding='utf-8'?>
<widget id="com.appsgeniales.ionicNative" version="0.0.1"
xmlns="http://www.w3.org/ns/widgets"
xmlns:cdv="http://cordova.apache.org/ns/1.0">
    <name>Ionic Native</name>
    <description>An awesome Ionic/Cordova app.</description>
    <author email="hi@ionicframework.com"
href="http://ionicframework.com/">Ionic Framework Team</author>
    <content src="index.html" />
    <access origin="*" />
    <allow-intent href="http://*/*" />
    <allow-intent href="https://*/*" />
    <allow-intent href="tel:*" />
    <allow-intent href="sms:*" />
    <allow-intent href="mailto:*" />
    <allow-intent href="geo:*" />
    <preference name="orientation" value="portrait" />
    <preference name="ScrollEnabled" value="false" />
    <preference name="android-minSdkVersion" value="19" />
    <preference name="BackupWebStorage" value="none" />
```

Para decirle que solo aparezca en horizontal en lugar de **portrait** pondremos **landscape**:

```
<preference name="orientation" value="landscape" />
```

Firmar el apk para subirlo a Google Play

Este es el último paso que debemos dar una vez tenemos desarrollada y lista nuestra aplicación para poder subirla a la tienda de aplicaciones de Google.

Android exige que todos los APK se firmen digitalmente con un certificado para poder instalarse.

Cuando firmas un APK se adjunta a este el certificado de clave pública que asocia el APK contigo y con tu clave privada correspondiente. Esto es necesario para poder lanzar cualquier actualización de la app asegurándose que provenga del autor original, por eso **es importantísimo que guardemos el archivo keystore generado a buen recaudo para poder lanzar futuras actualizaciones** ya que todas las aplicaciones deben usar el mismo certificado durante su vida útil.

Un keystore es un campo binario que contiene una o más claves privadas.

Si desarrollas una app nativa puedes generar el keystore firmar el apk desde Android studio, nosotros vamos a ver cómo firmar una aplicación   generada desde ionic o apache cordova desde consola.

Para poder firmar el apk desde consola debemos seguir una serie de pasos que vamos a ver a continuación:

Lo primero que necesitamos es generar el keystore:

Si por ejemplo nuestra app se llama miapp para generar un keystore abrimos una terminal, nos situamos en la carpeta de nuestro proyecto y escribimos el siguiente comando:

```
keytool -genkey -v -keystore miapp.keystore -alias miapp -keyalg RSA
-keysize 2048 -validity 10000
```

miapp.keystore es el archivo que se va a generar, el alias es un nombre de identificación para tu clave, en este caso le hemos llamado miapp.

Con **keysize** le indicamos que el tamaño de la clave sea de 2048 bits, es recomendable dejarlo en este valor.

Por último con **-validity** fijamos el período de validez de tu clave en años, creo que con 10000 años será suficiente ;-P.

Al ejecutar el comando nos pide que introduzcamos una serie de datos:

```
Introduzca la contraseña del almacén de claves:

Volver a escribir la contraseña nueva:

¿Cuáles son su nombre y su apellido?

¿Cuál es el nombre de su unidad de organización?

¿Cuál es el nombre de su organización?

¿Cuál es el nombre de su ciudad o localidad?

¿Cuál es el nombre de su estado o provincia?

¿Cuál es el código de país de dos letras de la unidad?
```

Te pide dos veces la contraseña, es importante que recuerdes la contraseña que has introducido ya que la necesitarás después.

Al final te muestra los datos que has introducido y te pide confirmación, le decimos que si:

```
¿Es correcto CN=Eduardo, OU=Revilla, O=revigames, L=Abadiño, ST=Bizkaia, C=ES?

[no]: Si
```

Lo que os sale debe ser algo parecido a la siguiente imagen:

```
MacBook-Pro-de-Eduardo:misSitios7 eduardorevilla$ keytool -genkey -v -keystore mi
app.keystore -alias miapp -keyalg RSA -keysize 2048 -validity 10000
Introduzca la contraseña del almacén de claves:
Volver a escribir la contraseña nueva:
¿Cuáles son su nombre y su apellido?
  [Unknown]:  Eduardo
¿Cuál es el nombre de su unidad de organización?
  [Unknown]:  Revilla
¿Cuál es el nombre de su organización?
  [Unknown]:  revigames
¿Cuál es el nombre de su ciudad o localidad?
  [Unknown]:  Abadiño
¿Cuál es el nombre de su estado o provincia?
  [Unknown]:  Bizkaia
¿Cuál es el código de país de dos letras de la unidad?
  [Unknown]:  ES
¿Es correcto CN=Eduardo, OU=Revilla, O=revigames, L=Abadiño, ST=Bizkaia, C=ES?
  [no]:  Si

Generando par de claves RSA de 2.048 bits para certificado autofirmado (SHA256wit
hRSA) con una validez de 10.000 días
        para: CN=Eduardo, OU=Revilla, O=revigames, L=Abadiño, ST=Bizkaia, C=ES
Introduzca la contraseña de clave para <miapp>
        (INTRO si es la misma contraseña que la del almacén de claves):
[Almacenando miapp.keystore]
```

Bien, con esto ya hemos generado un archivo llamado miapp.keystore en la raíz de nuestro proyecto.

Ahora vamos a crear un nuevo archivo en la raíz del proyecto llamado **build.json**, lo creamos con nuestro editor de código y dentro escribimos el siguiente código:

```json
{
  "android": {
    "debug": {
      "keystore": "miapp.keystore",
      "storePassword": "XXXXX",
      "alias": miapp,
      "password" : "XXXX",
      "keystoreType": ""
    },
    "release": {
      "keystore": "miapp.keystore",
      "storePassword": "XXXX",
      "alias": "miapp",
      "password" : "XXXX",
```

```
    "keystoreType": ""
  }
 }
}
```

El primero es para la versión de debug y "release" es para la versión final que vas a subir a la play store.

En el campo **keystore** debes poner la ruta del archivo .keystore que acabamos de generar, si lo has generado en la raíz solo debes de poner el nombre del archivo, en este caso miapp.keystore.

En alias ponemos el alias que hemos puesto al crear el archivo

Después en storePassword debe poner la contraseña del almacén de claves que indicaste al crear el archivo.

En password debemos poner la contraseña.

Guardamos el archivo y ya solo nos queda generar el apk firmado con el siguiente comando:

```
ionic cordova build android --prod --release
```

Si no ha detectado errores y se ha compilado bien podrás encontrar el apk firmado que debes subir a play store en la siguiente ruta dentro de tu aplicación:

/platforms/android/app/build/outputs/apk/release/app-release.apk

Hemos aprendido cómo usar las dos opciones que tenemos para hacer de puente entre el dispositivo nativo y nuestro código y empaquetar nuestras aplicaciones: Capacitor y Cordova.

Generar una PWA (Aplicación Web Progresiva)

¿Que es una PWA?

Podríamos decir que una PWA es como una página web y una app en uno.
Una PWA es accesible en Internet con una URL y se ejecuta en el navegador, lo que hace posible que funcione en diferentes sistemas operativos y no dependa de la tienda de aplicaciones ni requiera una instalación.
Pero tienen ventajas con respecto a una web al uso. Las PWAs se pueden anclar a la pantalla de inicio del móvil donde aparecerán con un icono personalizado igual que cualquier app nativa y se iniciará de la misma manera que cualquier otra aplicación, ofreciendo una experiencia muy similar a la de una app nativa.
A diferencia de una aplicación web al uso, también se puede ejecutar sin conexión.
Para ello solo hay que anclar un vínculo al URL correspondiente en la pantalla de inicio del dispositivo móvil, a través del cual se puede acceder a la aplicación, incluso con una conexión débil o nula a Internet.
Aquí hay que aclarar que al igual que cualquier app para cargar nuevo contenido y datos remotos si se necesita estar conectado.
Nos vamos a centrar en cómo convertir una aplicación de Ionic en una PWA, si quieres saber más respecto al desarrollo de PWA puedes consultar el siguiente link:
https://developers.google.com/web/fundamentals/codelabs/your-first-pwapp/?hl=es

Creando un hola mundo de ejemplo

No vamos a dedicar mucho tiempo en desarrollar una app de ejemplo ya que ya hemos visto a lo largo del libro cómo desarrollar apps con Ionic, así que simplemente vamos a crear un proyecto nuevo de ionic y lo convertiremos en una PWA.
Por lo tanto desde el terminal creamos un nuevo proyecto de ionic:

```
ionic start pwa blank
```

Indicamos que vamos a utilizar Angular como framework.

Configurar la PWA

Una vez que hemos creado nuestra aplicación nos situamos en la carpeta del proyecto y ejecutamos el siguiente comando:

```
ng add @angular/pwa
```

*Nota: (Si no encuentra el comando **ng** ejecutamos el siguiente comando: **npm link @angular/cli** y volvemos a ejecutar el comando anterior)*

Esto nos genera toda la configuración necesaria para obtener una pwa, por ejemplo nos genera una carpeta **icons** dentro de **assets** con diferentes iconos, los tendremos que sustituir por los que queramos para nuestra aplicación, respetando los mismos nombres y tamaños.

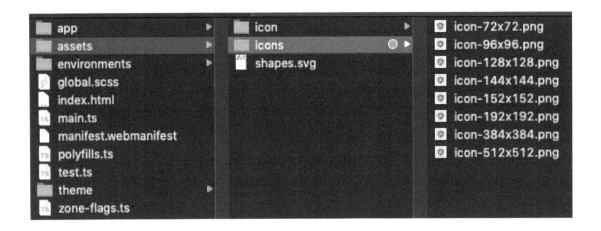

Para facilitar el crear el icono para todos los tamaños podemos acceder a esta url: https://app-manifest.firebaseapp.com/ donde a partir de una imagen de 512x512 píxeles nos genera todos los iconos en los tamaños necesarios.

También nos habrá generado un archivo llamado **ngsw.config.json** que contendrá la configuración del service worker.

```
{} ngsw-config.json > ...
 1  {
 2      "$schema": "./node_modules/@angular/service-worker/config/schema.
 3      "index": "/index.html",
 4      "assetGroups": [
 5        {
 6          "name": "app",
 7          "installMode": "prefetch",
 8          "resources": {
 9            "files": [
10              "/favicon.ico",
11              "/index.html",
12              "/*.css",
13              "/*.js"
14            ]
15          }
16        }, {
17          "name": "assets",
18          "installMode": "lazy",
19          "updateMode": "prefetch",
20          "resources": {
21            "files": [
22              "/assets/**",
23              "/*.(eot|svg|cur|jpg|png|webp|gif|otf|ttf|woff|woff2|ani)
24            ]
25          }
26        }
27      ]
28  }
29
```

Un **service worker** es una secuencia de comandos ejecutados por el navegador en segundo plano. Estos se ejecutan incluso si la web está cerrada y que nos permite incorporan funciones como notificaciones push y sincronización en segundo plano.

Para este ejemplo no necesitamos modificar este archivo, pero si necesitas conocer más sobre los service workers puedes consultar el siguiente link:

https://developers.google.com/web/fundamentals/primers/service-workers/?hl=es

Otro archivo que se genera con el comando **ng add @angular/pwa** es el archivo **manifest.webmanifest** que lo sitúa dentro de la carpeta **src** y donde especificamos el nombre de la aplicación, el color principal, los iconos etc:

```
OPEN EDITORS
    {} ngsw-config.json          U
  X {} manifest.webmanifest ...  U
PWA
  > e2e
  > node_modules
  ∨ src
    > app
    > assets
    > environments
    > theme
    𝒮 global.scss
    <> index.html                M
    TS main.ts
    {} manifest.webmanifest      U
    TS polyfills.ts
    TS test.ts
    TS zone-flags.ts
  ◆ .gitignore
  {} angular.json                M
    browserslist
  ◉ ionic.config.json
  K karma.conf.js
  {} ngsw-config.json            U
  {} package-lock.json           M
  {} package.json                M
  {} tsconfig.app.json
  TS tsconfig.json
  {} tsconfig.spec.json
  {} tslint.json
```

```json
 1  {
 2    "name": "app",
 3    "short_name": "app",
 4    "theme_color": "#1976d2",
 5    "background_color": "#fafafa",
 6    "display": "standalone",
 7    "scope": "/",
 8    "start_url": "/",
 9    "icons": [
10      {
11        "src": "assets/icons/icon-72x72.png",
12        "sizes": "72x72",
13        "type": "image/png"
14      },
15      {
16        "src": "assets/icons/icon-96x96.png",
17        "sizes": "96x96",
18        "type": "image/png"
19      },
20      {
21        "src": "assets/icons/icon-128x128.png",
22        "sizes": "128x128",
23        "type": "image/png"
24      },
25      {
26        "src": "assets/icons/icon-144x144.png",
27        "sizes": "144x144",
28        "type": "image/png"
29      },
30      {
31        "src": "assets/icons/icon-152x152.png",
32        "sizes": "152x152",
33        "type": "image/png"
34      },
35      {
36        "src": "assets/icons/icon-192x192.png",
```

Para que el navegador interprete el archivo de manifiesto hay que agregar una etiqueta link en todas las páginas que compongan tu app web, en este caso el comando **ng add @angular/pwa** ya lo hace por nosotros el comando insertando el link en **index.html**:

```html
<!DOCTYPE html>
<html lang="en">
```

```html
<head>
  <meta charset="utf-8"/>
  <title>Ionic App</title>

  <base href="/"/>

  <meta name="viewport" content="viewport-fit=cover, width=device-width,
initial-scale=1.0, minimum-scale=1.0, maximum-scale=1.0, user-scalable=no"/>
  <meta name="format-detection" content="telephone=no"/>
  <meta name="msapplication-tap-highlight" content="no"/>

  <link rel="icon" type="image/png" href="assets/icon/favicon.png"/>

  <!-- add to homescreen for ios -->
  <meta name="apple-mobile-web-app-capable" content="yes"/>
  <meta name="apple-mobile-web-app-status-bar-style" content="black"/>
  <link rel="manifest" href="manifest.webmanifest">
  <meta name="theme-color" content="#1976d2">
</head>

<body>
  <app-root></app-root>
  <noscript>Please enable JavaScript to continue using this
application.</noscript>
</body>

</html>
```

Para más información sobre el archivo **manifest.json** puedes consultar el siguiente link:

https://developers.google.com/web/fundamentals/web-app-manifest/?hl=es

Preparar la aplicación para el entorno de producción

Ahora solo nos queda preparar la aplicación para poder subirla a un servidor

Para ello tenemos que ejecutar el siguiente comando:

```
ionic build --prod --service-worker
```

Dentro de la carpeta **www** se habrán generado todos los archivos necesarios para ejecutar nuestra aplicación en un servidor web.

Podemos subir estos archivos a cualquier servidor web y tendremos nuestra **PWA** lista para poder ejecutarse y poder anclarla por ejemplo en la pantalla de inicio de nuestro móvil como una aplicación más.

Alojar nuestra aplicación en Firebase Hosting:

Una opción que tenemos para alojar nuestra aplicación y que esté accesible en internet es Firebase Hosting.

Ya hemos utilizado firebase en este libro para tener una base de datos en la nube, otro de los servicios que nos ofrece la plataforma de google es alojamiento web.

Lo primero que vamos a hacer es acceder a la consola de firebase desde la siguiente url:

https://firebase.google.com/

Debemos estar logueados con nuestra cuenta de google.

Para acceder a la consola seleccionamos la opción "IR A LA CONSOLA" que se encuentra en la parte superior derecha.

Una vez dentro tenemos que crear un nuevo proyecto por lo tanto seleccionamos **Añadir proyecto**.

Lo primero que nos pide es que le pongamos un nombre a nuestro proyecto:

X   Crear proyecto(paso 1 de 3)

Empieza por ponerle un nombre al proyecto

Nombre del proyecto

prueba-pwa

✎ prueba-pwa-8ab92

Continuar

Le ponemos por ejemplo prueba-pwa.

Luego nos pregunta si queremos añadir Google Analytics a nuestro proyecto.

Como esto es una prueba podemos deseleccionar la opción **"Habilitar Google Analytics en este proyecto"**

Por último pulsamos el botón crear proyecto, al de unos segundos nuestro proyecto estará listo, pulsamos en **Continuar** y accederemos al panel de nuestro proyecto.

Desde el panel debemos seleccionar la opción Hosting y después pulsamos en botón empezar:

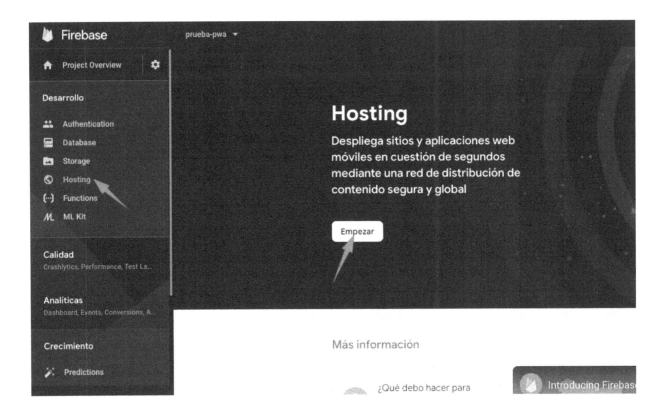

Nos pide que instalemos las tools de firebase, por lo tanto desde el terminal dentro de nuestro proyecto ejecutamos el siguiente comando:

```
npm install -g firebase-tools
```

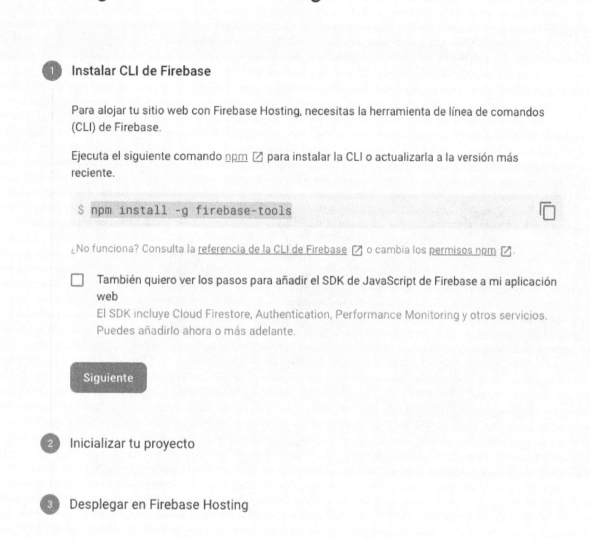

✕ Configurar Firebase Hosting

① Instalar CLI de Firebase

Para alojar tu sitio web con Firebase Hosting, necesitas la herramienta de línea de comandos (CLI) de Firebase.

Ejecuta el siguiente comando npm ☑ para instalar la CLI o actualizarla a la versión más reciente.

```
$ npm install -g firebase-tools
```

¿No funciona? Consulta la referencia de la CLI de Firebase ☑ o cambia los permisos npm ☑.

☐ También quiero ver los pasos para añadir el SDK de JavaScript de Firebase a mi aplicación web
El SDK incluye Cloud Firestore, Authentication, Performance Monitoring y otros servicios. Puedes añadirlo ahora o más adelante.

[Siguiente]

② Inicializar tu proyecto

③ Desplegar en Firebase Hosting

Una vez instalada pulsamos el botón **Siguiente.**

Para logearnos desde la consola en nuestra cuenta de firebase utilizamos el siguiente comando:

```
firebase login
```

Esto nos abrirá una pestaña en el navegador para que demos permiso a firebase cli a acceder a nuestra cuenta.

Una vez logeados tenemos que entrar en la carpeta de nuestro proyecto y ejecutar el comando:

```
firebase init
```

Nos preguntará que queremos configurar, tenemos que seleccionar **Hosting.** Para seleccionarlo nos movemos con las flechas del cursor y pulsamos la barra espaciadora y luego enter para aceptar.

```
MacBook-Pro-de-Eduardo:pwa eduardorevilla$ firebase init

     ######## #### ######## ######## ########      ###     ######  ######
#
     ##      ##  ##    ##  ##     ##    ##    ##  ##  ##     ##
     ######  ##  ######## ######  ######## ######### ######  ######
     ##      ##  ##    ##  ##     ##    ##     ##  ##       ## ##
     ##    #### ##    ## ######## ########  ##       ##  ######  #######
#

You're about to initialize a Firebase project in this directory:

  /Users/eduardorevilla/Documents/desarrollo/libroionic4/pwa

? Which Firebase CLI features do you want to set up for this folder? Press
  Space to select features, then Enter to confirm your choices. (Press <spa
ce> to select, <a> to toggle all, <i> to invert selection)
  ◯ Database: Deploy Firebase Realtime Database Rules
  ◯ Firestore: Deploy rules and create indexes for Firestore
  ◯ Functions: Configure and deploy Cloud Functions
 ❯◯ Hosting: Configure and deploy Firebase Hosting sites
  ◯ Storage: Deploy Cloud Storage security rules
```

Después tenemos que seleccionar **Use an existing project:**

```
? Please select an option: (Use arrow keys)
❯ Use an existing project
  Create a new project
  Add Firebase to an existing Google Cloud Platform project
  Don't set up a default project
```

Ahora tenemos que seleccionar el proyecto que vamos a utilizar, en este caso **prueba-pwa**.

Nos va a preguntar cual es la carpeta que queremos utilizar como directorio publico: **What do you want to use as your public directory?** (public)

En este caso le decimos que **www** que es la carpeta donde se genera la aplicación compilada.

Luego nos pregunta si queremos configurar nuestra aplicación como una single page aplication:

Configure as a single-page app (rewrite all urls to /index.html)?

Le decimos que **sí**:

Luego nos dice que ya existe un archivo index.html en esa carpeta y si lo queremos sobreescribir:

File www/index.html already exists. Overwrite? (y/N)

Le decimos que **no**:

Ya estaría todo configurado, ahora desde el navegador en la consola de firebase ya podemos pulsar el botón siguiente y accedemos a la última pantalla de configuración:

☓ Configurar Firebase Hosting

✓ Instalar CLI de Firebase

✓ Inicializar tu proyecto

3 Desplegar en Firebase Hosting

Cuando tengas todo listo, despliega tu aplicación web
Incluye los archivos estáticos (p. ej., HTML, CSS o JS) en el directorio de despliegue de tu
aplicación, que se configura como "public" de forma predeterminada. Luego, ejecuta el siguiente
comando desde el directorio "root" de la aplicación:

```
$ firebase deploy
```

Después del despliegue, consulta tu aplicación en prueba-pwa-8ab92.web.app ☒
¿Necesitas ayuda? Consulta la documentación de Hosting ☒

Ir a la consola

Como nos indica en esta pantalla para subir el contenido a la web solo tenemos que
ejecutar el siguiente comando:

```
firebase deploy
```

Con este comando se habrá subido todo el contenido de nuestra aplicación a firebase.
Ya podemos volver a la consola de firebase.

Al terminar de subir nos pondrá en consola una url desde la cual podremos acceder a nuestro proyecto:

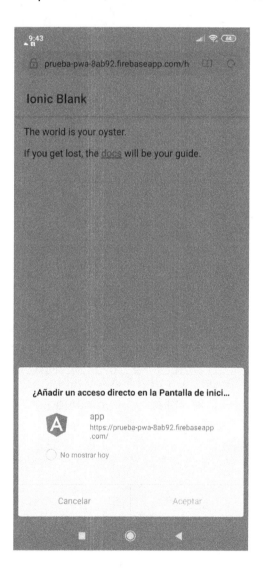

Si accedemos a esa url desde el navegador de nuestro móvil veremos que nos ofrece la opción de añadir un acceso directo a la pantalla de inicio:

Si le damos a aceptar aparecerá como una aplicación más entre las apps de nuestro móvil, y si la abrimos pulsando en el icono se abrirá a pantalla completa sin la barra del navegador, con el mismo aspecto que una app nativa.

Si vamos a la consola de firebase vemos que tenemos dos dominios predeterminados desde los que podemos acceder a nuestra aplicación.

Sin embargo si necesitamos conectar un dominio propio tenemos la opción de hacerlo:

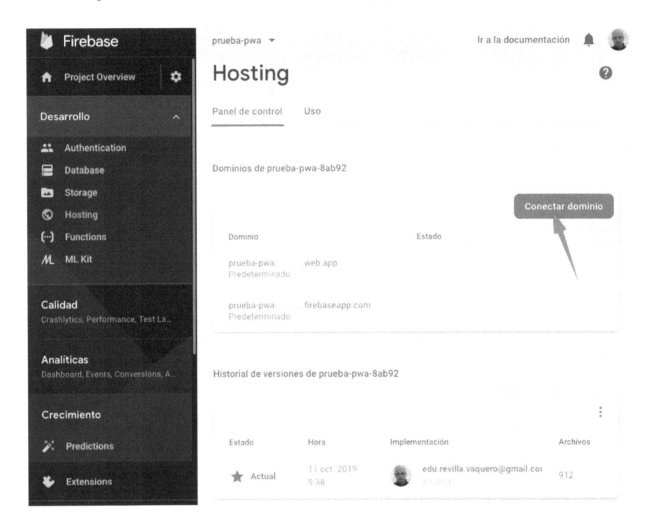

Como vemos es muy sencillo convertir una aplicación de ionic en una PWA y alojarlo en Firebase Hosting, aunque por supuesto, podemos alojar la aplicación en cualquier otro hosting.

Ahora te toca a tí

A lo largo de este tutorial has aprendido a crear una aplicación en ionic desde cero, ya tienes los fundamentos básicos para poder crear tus propias aplicaciones.
Puede que haya cuestiones que no se hayan visto en este tutorial pero seguro que ya tienes la base suficiente como para investigar por tu cuenta y encontrar la manera de realizar esa aplicación que tienes en la cabeza y que puede ser el próximo gran éxito o simplemente puedes labrarte un futuro laboral creando aplicaciones para terceros.
El límite lo pones tú.

También puedes echar un vistazo a mi blog *reviblog.net* donde escribo sobre ionic y otros temas relacionados con la programación: *http://reviblog.net/*

Y puedes seguirme en twitter: **@revigames**

¡Muchas grácias por leer este libro!

Eduardo Revilla vaquero.